Penguin Books
The Penguin French NewsReader

Ian MacDonald is Head of Modern Languages in a large comprehensive school in Essex. He was educated at the universities of Manchester, Exeter and Hamburg, before taking up teaching. An experienced examiner and writer, he has published some twenty modern-language books for schools. He lives in Essex and is married with one daughter.

IAN MACDONALD

THE PENGUIN

French NewsReader

PENGUIN BOOKS

PENGUIN BOOKS

Published by the Penguin Group
27 Wrights Lane, London W8 5TZ, England
Viking Penguin Inc., 40 West 23rd Street, New York, New York 10010, USA
Penguin Books Australia Ltd, Ringwood, Victoria, Australia
Penguin Books Canada Ltd, 2801 John Street, Markham, Ontario, Canada L3R 1B4
Penguin Books (NZ) Ltd, 182–190 Wairau Road, Auckland 10, New Zealand

Penguin Books Ltd, Registered Offices: Harmondsworth, Middlesex, England

First published 1989
10 9 8 7 6 5 4 3 2 1

Filmset in Monophoto Photina
Made and printed in Great Britain by
Richard Clay Ltd, Bungay, Suffolk

The author and publishers would like to extend their grateful thanks to the
newspapers *Le Figaro* and *France-Soir* for their kind permission to reproduce
copyright material, and to all those who have graciously permitted the use of their
publicity in this book.

It has unfortunately not been possible to trace all copyright holders, and if
copyright has been inadvertently infringed the author and publishers would like to
be notified so that an appropriate acknowledgement can be included in future edi-
tions.

The advertisement on p. 137 is reproduced by permission of the Spanish National
Tourist Office and *Le Figaro*.

Contents

Preface

Are you sure that your knowledge of French is as good and as up to date as it could be?

Would your French be able to cope in this modern world of computers, video recorders, test-tube babies, nuclear warheads, chemical weapons, strikes, demonstrations, football violence and unemployment?

Could your French deal with the terrorists, hijackers, squatters and hostages who make the headlines every day?

Can your French handle holiday bookings, menus, signposts and advertisements?

This new book shows you the way. It is ideal for pupils studying French in schools and colleges, as well as for adults in evening classes, holiday-makers going to France and the casual reader who simply wants to read French for enjoyment and brush up his or her competence in the language in this fast-changing world of ours.

IAN MACDONALD

NOTE. All the material in this book is original, but in the course of time some of the hotels, restaurants, shops, etc., which are featured may have ceased trading.

News in Brief (1)

1

A

Terrorisme basque :
un nouveau crime

B

Un pétrolier
touché par un missile
iranien

C

Golfe : difficultés
pour le gouvernement italien

D

Golfe Persique :
reprise du conflit

E ULSTER
**Un soldat britannique
tué en Irlande du nord**

F **Afrique du Sud : accident
dans une mine d'or, 64 disparus**

G TURQUIE
**Elections législatives
anticipées en novembre**

Read the newspaper headlines above carefully.

A1. Which people have carried out another crime?

B2. What kind of vessel has been attacked?

B3. What hit it?

c4. Who is in difficulties at the moment?

D5. Where has fighting started again?

E6. Who has been killed?

E7. Where?

F8. What has happened in South Africa?

G9. When will elections be held?

G10. In which country?

2

Le Pape à Miami

Jean-Paul II est arrivé, hier soir, à Miami, première étape de son voyage de dix jours aux États-Unis. Le Pape, qui a été accueilli à l'aéroport par le président Reagan, restera deux jours à Miami avant de poursuivre son périple vers La Nouvelle-Orléans.

1. Who has arrived in Miami?
2. When did he arrive?
3. For how long will he stay in this country?
4. Who met him when he arrived?
5. Where was he met?
6. Where will the next stage of his visit take him to?

3

A **LA VIE SCIENTIFIQUE**

B **LA VIE CULTURELLE**

C **LA VIE SPORTIVE**

D *la vie au féminin*

E *la vie au masculin*

F **LA VIE ÉCONOMIQUE**

G **LA VIE DES MEDIA**

H **LA VIE POLITIQUE**

I **LA VIE INTERNATIONALE**

J **LA VIE DES SPECTACLES**

Look carefully at these ten page-headings from a French newspaper. Give the letter of the heading under which you would be likely to find:

1 a football report
2 news of stocks and shares
3 women's features
4 cultural news
5 news of politics
6 reviews of plays now on at the theatres
7 news from around the world
8 TV, radio and cinema news
9 men's features
10 news of recent developments in the world of science.

4

Bouteille à la mer: réponse, 33 ans plus tard

Une Britannique qui avait jeté une bouteille à la mer il y a trente-trois ans avec une lettre portant son adresse a annoncé hier qu'elle venait juste de recevoir une réponse. 'Je ne pouvais pas le croire quand la réponse est arrivée', a commenté Mme Beryl Edwards, qui à l'âge de quatorze ans avait lancé cette bouteille dans la Manche.

Mme Edwards, qui est aujourd'hui mariée et mère de deux enfants, a indiqué que son message d'adolescente avait été trouvé par une famille hollandaise sur la plage d'une île au large des côtes des Pays-Bas. 'Je vais répondre à la famille. Ce qui est arrivé est si extraordinaire', a ajouté Mme Edwards.

1. What did Mrs Edwards do thirty-three years ago?
2. How old was she at the time?
3. What has she now received?
4. What was her reaction?
5. Who received her message?
6. What will Mrs Edwards do next?

TEST YOURSELF 1

Can you remember the meanings of these French words and phrases selected from items 1–4?

(a) un pétrolier
(b) un soldat
(c) Afrique du Sud
(d) le Pape
(e) l'aéroport

(f) les spectacles
(g) une bouteille
(h) la Manche
(i) la plage
(j) les Pays-Bas

13

5

Look at this advertisement for some new property being built in Paris:

A louer au Pont de Sèvres:
des appartements privilégiés, spacieux, de grand confort,
habitables immédiatement
La Seine à vos pieds
Le métro à 100 mètres, sur votre trottoir
Les écoles sans rue à traverser
En voiture liaisons faciles avec Paris
Les autoroutes à quelques tours de roues
A deux pas du Bois de Boulogne
Deux appartements-témoins attendent votre visite tous les jours de
11 h à 19 h

1. Are the apartments advertised here for sale or rent?
2. How near are the apartments to (a) the River Seine, (b) the underground railway network?
3. What would be the advantage of living here for young children going to school?
4. What would be the advantages for car owners?
5. When are the show flats open to visitors?

6

Avis de recherche

On recherche Carole Dupont, disparue de son domicile parisien du VIIe arrondissement depuis le 23 juillet. Elle portait vraisemblablement une veste en cuir noir, un jean bleu et des escarpins bicolores, noir et blanc.

Signalement: taille 1,69 m; cheveux blonds longs, yeux clairs.

Signe particulier: cicatrice de part et d'autre du coude gauche.

Merci à toute personne pouvant communiquer des renseignements de téléphoner au: 771.00.00.

1. When was Carole last at home?
2. What is known about the jacket and the jeans she was wearing?
3. What colour were her shoes?
4. Describe her eyes and hair.
5. What other distinguishing mark does Carole have?

7

On recherche Bernard Legrand, soixante-douze ans, disparu depuis le 26 février de son domicile, Porte Didot, Paris 14ᵉ Il n'est muni d'aucune pièce d'identité et présente occasionnellement des troubles de mémoire.

Signalement: 1,60 m; cicatrice frontale; manteau gris-clair; chapeau feutre gris foncé; costume marron; parapluie.

Toute personne l'ayant rencontré ou pouvant donner un renseignement est priée de contacter le poste de police le plus proche.

1. How old is M. Legrand?
2. What is he not carrying with him?
3. What has he occasionally suffered from in the past?
4. Describe his coat and hat.
5. What else was he known to be wearing?
6. What else did he have with him when he was last seen?

8

A newspaper is informing its readers where certain items may be found:

NOS RUBRIQUES. – BOURSE **(24)** ■ BRIDGE **(30)** ■ CARNET DU JOUR **(34, 35)** ■ COURSES **(13, 14)** ■ ÉCHECS **(30)** ■ ÉCONOMIE-SOCIAL-FINANCES **(15 à 26)** ■ ÉDUCATION **(7)** ■ JOURNÉE **(7)** ■ LETTRES **(32)** ■ LOISIRS **(27 à 30)** ■ MÉDECINE **(10)** ■ MEDIA-PUBLICITÉ **(35)** ■ MÉTÉOROLOGIE **(30)** ■ MOTS CROISÉS **(32)** ■ NOTRE VIE **(7, 8)** ■ PARIS-ILE-DE-FRANCE **(6)** ■ PETITES ANNONCES **(31, 32)** ■ RADIO-TÉLÉVISION **(39, 40, 41)** ■ SCIENCES **(10)** ■ SPECTACLES **(37, 38)** ■ VIE CULTURELLE **(36)** ■ VIE AU FÉMININ **(33)** ■ VIE INTERNATIONALE **(2, 3, 4)** ■ VIE POLITIQUE **(6)** ■ VIE SPORTIVE **(11, 12)**.

1. On which page of the newspaper would you find the education news?
2. Where is the weather forecast?
3. Where could you find news of horse-racing?
4. What is on pages 37 and 38?
5. Which page is given over to news of special interest to women?
6. What will you find on page 30? (Give *four* answers.)
7. How many pages of classified advertisements are there?
8. Where could you find the crossword?
9. On which page is the latest news from the stock-market?
10. How many pages of radio and television news does the paper contain?

9

Read carefully the following news headlines.

1   **Drogue: l'explosion**

2   **DÉLINQUANCE: LE BOOM**

3   **Grande-Bretagne: onze morts, dix
blessés dans l'incendie d'un wagon-lit**

4   **GRAVES INONDATIONS DANS LE
SUD DE LA FRANCE**

5   **En Europe, 50.000 emplois
supprimés**

6   **LA TEMPÊTE A RAVAGÉ
LA BRETAGNE**

7   **Une école maternelle détruite par
le feu**

8   **L'ALCOOLISME PROGRESSE CHEZ
LES JEUNES**

9   **Incendies de forêts aux portes de Nice**

10   **FORT TREMBLEMENT DE TERRE AU JAPON: 20 MORTS, 5 DISPARUS 340 BLESSÉS**

11   **Bombe anti-américaine en Allemagne**

12   **CHÔMAGE: + 4,5%**

13   **Carambolage monstre sur l'autoroute du Nord**

A Which headline is reporting . . .

(*a*) floods?
(*b*) an earthquake?
(*c*) a rise in unemployment?
(*d*) a bomb attack?
(*e*) a motorway pile-up?
(*f*) stormy weather?
(*g*) an increase in drug-taking?
(*h*) fires? (3 answers)

B Now try this exercise. You have to match up some of the key words you saw in these news headlines with their correct English meanings.

A	feu	1	job
B	inondation	2	infant school
C	tempête	3	unemployment
D	tremblement de terre	4	pile-up
E	carambolage	5	axed
F	incendie de forêt	6	flood
G	emploi	7	fire
H	chômage	8	earthquake
I	école maternelle	9	storm
J	supprimé	10	forest fire

10

BERLIN

**Deux Allemands de l'Est
'font le mur'**

Deux jeunes Allemands de l'Est
sont passés hier à l'Ouest en
escaladant le mur de Berlin aux
premières heures de la matinée, a
annoncé la police de Berlin-
Ouest.

1. What did two young East Germans do?
2. How did they carry out their escape?
3. At what time of day or night did this happen?

11

RFA

**Vingt et un touristes
tchèques passent
à l'Ouest**

Vingt et un touristes tchéco-
slovaques en voyage en RFA ont
fait défection et ne sont pas
retournés dans leur pays avec le
reste de leur groupe, a indiqué
hier la police des frontières bava-
roise.

1. From which country had the tourists come?
2. In which country were they staying?
3. What did some of the tourists decide to do?
4. How many tourists did not go back home?

12

La lutte contre la pollution continue sur les trente kilomètres des côtes du Norfolk (Angleterre) souillés par le pétrole qui s'échappe de l'épave du pétrolier grec coupé en deux samedi par un cargo français.

Comme en Bretagne, après l'échouage de l' 'Amoco Cadiz', c'est armés d'une pelle et d'un seau que les volontaires britanniques se sont attaqués au nettoyage des plages polluées.

Sans atteindre l'ampleur de ce qui s'est passé sur les côtes françaises, le naufrage de l' 'Elenis V' a fait plus de dégâts que prévu initialement par les autorités britanniques.

On estime aujourd'hui à près de 2.000 tonnes le brut qui s'est écoulé dans la mer.

1. How many kilometres of English beaches have been polluted?
2. Where did all the oil come from?
3. What caused the spillage of oil?
4. With what are the volunteers who are tackling the pollution 'armed'?
5. Is the pollution in Norfolk more or less serious than was at first thought?

TEST YOURSELF 2

Can you remember the meanings of these French words and phrases selected from items 5–12?

(a) un appartement
(b) le métro
(c) l'autoroute
(d) une veste
(e) le poste de police

(f) les petites annonces
(g) blessé
(h) un Allemand
(i) le naufrage
(j) la mer

SECTION TWO

Holidays and Leisure (1)

13

1. On which weekdays do these flights operate?
2. Are they morning or afternoon flights?

14

CHAMBRES TOUT CONFORT
SALLE DE BAINS - DOUCHES

Tél. : 357-34-01

HOTEL DE LA FONTAINE BEAUSÉJOUR * NN

LA RÉPUBLIQUE

1, rue de la Fontaine au Roi, 75011 PARIS
(32, rue du Faubourg du Temple)
Métro : République - Goncourt

Près des gares Nord et Est
R. C. Paris 364796 B

1. With what are rooms at this hotel equipped?
2. What is the official rating of this hotel?
3. Near which main-line stations is it situated?
4. Which underground stations are the nearest to the hotel?

15

1. On which date is the first show?
2. On which day is there a 5 p.m. performance?
3. On which date is the last performance?
4. At what time are evening shows?
5. How many shows will there be on 10 October?
6. How much is the dearest seat?
7. At what time does the box-office shut?
8. When might you be able to see the show at a reduced price?

16

La fête du 15 août tombe cette année un samedi. Nous rappelons ici les services qui seront ouverts ou fermés.

Journaux: les quotidiens paraîtront normalement samedi.

Banques: tous les guichets seront fermés à partir de vendredi midi.

Musées: samedi, tous fermés. Dimanche, tous les musées seront normalement ouverts.

PTT: bureaux fermés. Pas de distribution de courrier à domicile.

Urgences: médecins – téléphoner dans les commissariats pour avoir la liste des médecins de garde.

The fifteenth of August is a public holiday in France, celebrating the religious festival, the Feast of the Assumption.

1. On which day of the week does it fall this year?
2. Will you be able to buy newspapers as usual on 15 August this year?
3. Will banks be open on 15 August?
4. When will banks close to the public?
5. Will museums be open on (*a*) Saturday, (*b*) Sunday?
6. Will post offices be open on 15 August?
7. How will postal deliveries be affected?
8. If you need a doctor urgently, how can you find out which doctors are on duty over the holiday?

17

LIGNES AÉRIENNES D'ESPAGNE

UNE GRANDE COMPAGNIE A L'HEURE DE L'EUROPE

DÉPART PARIS	ARRIVÉE MADRID	DÉPART PARIS	ARRIVÉE BARCELONE
11 h 05 →	12 h 55	10 h 15 →	11 h 45
15 h 25* →	17 h 15	15 h 50 →	17 h 20
20 h 15 →	22 h 05	20 h 20 →	21 h 50

*sauf samedi et dimanche.

On which days does the 15.25 Paris–Madrid flight *not* operate?

1. In which city is this show being given?
2. How many people have already seen the show?
3. In which months will the show not be given: March, April, June, July?
4. When does the box-office open?
5. On which of these days are there evening performances: Tuesday, Wednesday, Thursday, Friday?
6. On which days are there afternoon performances at 2.15: Friday, Saturday, Sunday, Monday?
7. Is there a 5.30 p.m. show on Wednesdays?
8. Why is there a special performance on 4 April?

9. When is there no evening performance: Tuesdays, Wednesdays, Thursdays, Saturdays, Sundays?
10. How much are the (*a*) dearest, (*b*) cheapest seats?

TEST YOURSELF 3

Can you remember the meanings of these French words and phrases selected from items 13–18?

(*a*) mercredi
(*b*) une salle de bain
(*c*) une douche
(*d*) relâche
(*e*) fermé

(*f*) le musée
(*g*) le médecin
(*h*) le commissariat
(*i*) courrier
(*j*) location par téléphone

19

Look carefully at the advertised television programmes.

10.20	Concert par l'orchestre national de l'ORTF
11.30	Arrêt des émissions
12	Magazines régionaux
12.30	Dessins animés
13	Série britannique: Le Saint
14	Magazine Auto-Moto: Le Grand Prix d'Afrique du Sud
15.50	Rugby: Le match Galles–France en direct de Cardiff
17.25	Pour les enfants
18	Météo
18.05	Actualités régionales
18.40	Des chiffres et des lettres: émission jeu
19	Feuilleton: *Le Père Goriot* de Balzac, 6ᵉ et dernier épisode
20	*Les Clowns*: film de Federico Fellini
22.25	Championnats du monde de patinage artistique: reportage diffusé de Goteborg (Suède)
23.50	Fin des émissions

1. At what time could you watch cartoons?
2. When could you listen to a programme of music?
3. At what time could you watch motor racing?
4. Who are France playing in the rugby international at 3.50 p.m.?
5. When are the children's programmes?
6. When is there a game show?
7. When could you watch skating?
8. At what time is the regional news bulletin?
9. What is on at 1 p.m.?
10. What programme is on at 6 p.m.?

20

PRIX DES PLACES

Orchestre 1re série	100 F
Orchestre 2e série	80 F
Piste	60 F
Balcon 1re série	50 F
Balcon 2e série	35 F

1. In which city has this show already been performed?
2. Where will the show go next, after Paris?
3. What is the date of the first performance advertised here?
4. When is the final performance?
5. At what time does the theatre box-office open?
6. At what time do evening performances begin?
7. On which day is there an extra performance?
8. At what time is this extra performance?
9. On which day is there no show at all?
10. What are the prices of (*a*) the cheapest seats, (*b*) the dearest seats?

21

PARC ZOOLOGIQUE
Saint-Quentin

Calme – détente – plein air

Un parc loin de toute pollution et des bruits de la ville

Oiseaux – ours – singes, vivant en toute liberté

Self-service: tous les jours à midi des repas choisis sont préparés pour vous. Plats chauds: rôtis, poulet, variétés de légumes. Fromages et desserts.

Beaucoup de stands où l'on vend frites, gaufres, glaces, souvenirs, pellicules photo.

Ouvert tous les jours	Films et photos autorisés
Service compris	Chiens admis en laisse
En cas de pluie, abris de plus de six cents places	Accès facile
Parking gratuit	Tel.: (23) 66–84–16

---

1. Name *two* kinds of creatures to be found in this park.
2. At what time of day are meals served?
3. List *three* kinds of food on sale in the self-service restaurant.
4. List *three* things which could be bought at the many stalls in the park.
5. When is the park open to the public?
6. How much extra must you pay to use the car-park?
7. On what condition are dogs allowed into the park?

PALAIS DES SPORTS

15 DERNIERES

Matinees a 14 h 15 et 17 h 30
les mercredis, samedis, dimanches
Soirees a 20 h 45
mardis, jeudis, vendredis, samedis

LE
CIRQUE
DE
MOSCOU

LOCATION
● TOUTES AGENCES
● OU PAR TELEPHONE au 828.40.90 (de 12 h 30 a 19 h)
● OU AU PALAIS DES SPORTS

Aux guichets de 12 h 30 a 19 h
Renseignements telephoniques au 828.40.48

1. What kind of show is being advertised here?
2. How many more performances will there be before the show closes?
3. At what time is the first Wednesday show?
4. At what time is the last show on a Sunday?
5. How many performances are there on a Saturday?

TEST YOURSELF 4

Can you remember the meanings of these French words and phrases selected from items 19–22?

(a) les dessins animés

(b) les enfants

(c) la météo

(d) les repas

(e) le poulet

(f) le fromage

(g) la glace

(h) les pellicules

(i) ouvert

(j) gratuit

SECTION THREE

Sports News

23

Wimbledon:
haut les parapluies!

La première journée du tournoi a été noyée par la pluie et la météo est plutôt pessimiste pour les jours à venir.

1. What misfortune has struck the Wimbledon tennis tournament?
2. Is the problem likely to come to an end soon?

24

En direct sur TF 1
(à partir de 20 h 25)

MARSEILLE (maillot blanc, culotte blanche)

Bell (1)

Lowitz (2)   Le Roux (5)   Foerster (4)   Domergue (3)
Delamontagne (8)   F. Passi (6)   Giresse (10)   Genghini (7)
ou Diallo

Papin (9)   Allofs (11)

●

Paligen (11)   Roessler ou Leitzke (9)
Bredow (6)   Altmann (7)   Marschall (10)   Liebers (8)
Edmond (3)   Zoetzsche (5)   Kracht (4)   Kreer (2)
Mueller (1)

LOKOMOTIVE LEIPZIG (maillot bleu, culotte jaune)

Arbitre : M. GAECHTER (Suisse)

1. On which television channel is this football match being shown?
2. Will television show the match 'live' or only recorded highlights?
3. At what time does the programme begin?
4. What colours will the Marseille team be wearing?
5. What colours will be worn by the Leipzig team?
6. From which country does the referee come?

25

WIMBLEDON

Une deuxième fois, Ivan Lendl a échoué en finale, à Wimbledon, devant un spécialiste du jeu sur herbe, l'Australien Pat Cash, vainqueur en trois sets (7–6, 6–3, 7–5).

1. Who won this tennis match?
2. Why was it a particularly important match?
3. Why was it a doubly sad day for the loser?
4. What is said to be Cash's particular speciality?

26

BOXE

CHAMPION D'EUROPE. –
Le Français Richard Caramanolis
est devenu hier soir, à Marseille,
champion d'Europe des poids
mi-lourds en battant le Hollandais
Rudi Koopmans, tenant du titre,
par abandon à la neuvième reprise.

1. What was at stake in this boxing match?
2. When did the fight take place and where?
3. What was the nationality of the winner?
4. From which country did the loser come?
5. How and when did the fight come to an end?

27

BOXE

Le Français Antoine Montero, champion d'Europe des mouches, défendra son titre le 2 novembre prochain à Londres contre son challenger officiel, l'Anglais Keith Wallace.

1. Which title does the Frenchman hold at present?
2. Where will he soon defend the title?
3. What is the nationality of the challenger?

28

RUGBY

L'AUSTRALIE ÉCRASÉE

L'équipe d'Australie de rugby à quinze, qui disputera un premier test-match contre la France ce week-end, a été écrasée hier soir à Agen (36 à 6) par une sélection française.

1. When will Australia be playing their first Rugby international?
2. Against which country will they be playing?
3. Which two teams were playing last night?
4. Who won this match?

29

TENNIS DE TABLE

La Chine a gagné le championnat du monde par équipes, mardi 3 mai à Tokyo. Les Chinois ont battu en finale les Suédois 5–1; les Chinoises, de leur côté, ont dominé les Japonaises 3–0. La France s'est classée huitième chez les hommes et quatorzième chez les dames.

1. Where is the world team championship being held?
2. Who are the champions?
3. Which team did they beat in the final?
4. How did the Chinese ladies' team perform?
5. Where were the French men's and women's teams placed?

30

CYCLISME

Quatre jours avant l'arrivée du Tour d'Espagne, le Français Bernard Hinault, qui a gagné, le 4 mai, à Valladolid, l'étape contre la montre de 22 km à 48,7 km/h de moyenne, ne comptait plus qu'une minute six secondes de retard au classement général sur l'Espagnol Julian Gorospe, qui a repris le maillot de leader à son compatriote Alberto Fernandez.

1. In which country is this cycling event taking place?
2. How many days remain before the end of the event?
3. Who won the time-trial on 4 May?
4. Who is the overall leader at the moment?
5. What time margin separates Hinault and Gorospe?
6. What is the nationality of Fernandez?

TEST YOURSELF 5

Can you remember the meanings of these French words and phrases selected from items 23–30?

(a) la pluie
(b) en direct
(c) la Suisse
(d) la boxe
(e) Londres

(f) le tennis de table
(g) le championnat du monde
(h) hommes
(i) dames
(j) l'Espagne

31

LA YOUGOSLAVIE A FRÉJUS. – Battue par la RFA, lors du premier tour du championnat d'Europe par équipes, la France rencontre ce soir à Fréjus la Yougoslavie qui détient le titre et a débuté dans la compétition en obtenant une large victoire face à la Tchécoslovaquie (5–2).

TRUE OR FALSE?

1. France have already lost to Yugoslavia in the present championship.
2. West Germany recently beat Yugoslavia.
3. France played Yugoslavia in the first round.
4. West Germany played France in the first round.
5. West Germany beat France in the first round.
6. France play Yugoslavia tomorrow.
7. Yugoslavia play France tonight.
8. Yugoslavia are the present title-holders.
9. France are the reigning champions.
10. Czechoslovakia played Yugoslavia in the opening round.
11. The Czech team scored five in their first match.
12. The Yugoslavian team beat the French by three clear games.
13. Yugoslavia have recently beaten Czechoslovakia 5–2.

32

GOLF

L'Espagnol Severiano Ballesteros tente en cette fin de
semaine, sur le parcours de
Wentworth (sud de l'Angleterre)
de remporter pour la troisième
fois le championnat du monde
en match play (épreuve par
élimination directe). Pour le
premier tour il aura comme
adversaire l'Américain Arnold
Palmer, de vingt-huit ans son
aîné.

1. When does the Wentworth tournament start?
2. How many times has Ballesteros already won the world
   match-play championship?
3. Who will play Ballesteros in the opening round?
4. What is the age difference between the two players?
5. Which player is the older?

33

FOOTBALL

L'équipe belge d'Anderlecht a battu, à Bruxelles, l'équipe portugaise de Benfica 1 à 0 (but de Brylle) en match aller de la finale de la Coupe de l'Union européenne de football (UEFA). Le match retour aura lieu le 18 mai à Lisbonne.

TRUE OR FALSE?

1. This football match was played in Portugal.
2. Belgium were playing Portugal.
3. Anderlecht were playing in Brussels.
4. The match was played in Brussels.
5. Benfica won the match 1–0.
6. Anderlecht played Benfica in Brussels.
7. Anderlecht won by a goal.
8. The goal was scored by Brylle.
9. The teams must meet again in Lisbon soon.
10. The teams next meet on 18 March in Lisbon.

34

ATHLÉTISME

Patricia Deneuville (Marignane) a amélioré de 10 secondes son record de France du 5.000 mètres, en couvrant, le 4 mai, à Arles, la distance en 16 min 32 sec.

1. In which event was Deneuville competing?
2. Which record has she broken?
3. Who set the record?
4. By how much time has she broken the record?
5. When was the race held?

35

HOCKEY SUR GLACE

DEUXIÈME DÉFAITE. – Après un premier échec devant la Chine, la France a été battue (9–7) par l'Autriche dans le tournoi mondial du Tarpéien à Las Palmas.

1. Which sport is being reported here?
2. Which country did France play in their first match?
3. Which country won this match?
4. Which country did France play next?
5. What was the result of this match?

36

VOLLEY-BALL

L'URSS ET L'ALLE-MAGNE DE L'EST COURONNÉES. – Pas de surprise aux championnats d'Europe qui se disputaient en Allemagne de l'Est. L'URSS a remporté le titre masculin en battant la Pologne 3–1 et en terminant la compétition invaincue. Quant au titre féminin, il est revenu à l'Allemagne de l'Est grâce à sa victoire sur l'Union soviétique 3–2. Côté français, l'équipe masculine a déçu. Après avoir accroché la Pologne et la Roumanie, les Français se sont effondrés en s'inclinant notamment face à la Grèce (1–3) et aux Pays-Bas (0–3). Bilan: une seule victoire contre la Hongrie (3–2) et une peu glorieuse douzième place.

1. In which country were the volleyball championships held?
2. Which country won the men's title?
3. Which country lost in the final?
4. Which teams met in the women's final?
5. Which country won the women's title?
6. Which five countries did the French men's team face?
7. Which of these matches did they draw?
8. Which countries defeated the French men's team?
9. Where did the French men's team finish in the tournament?

TEST YOURSELF 6

Can you remember the meanings of these French words and phrases selected from items 31–36?

(a) battu
(b) une équipe
(c) cette fin de semaine
(d) pour la troisième fois
(e) le premier tour

(f) le match retour
(g) l'athlétisme
(h) un échec
(i) l'Autriche
(j) la Pologne

Going Shopping

3

4

5

6

ANDRÉ COL

JOAILLIER-HORLOGER

10, avenue Victor Hugo
75016 Paris

7

à Neuilly, tous les
maillots de bain
ERES, LA PERLA, LIVIA, etc.

soldés
DIVA et IONA
54 et 146, AV. CH.-DE-GAULLE

Look carefully at the advertisements for these seven shops. Then decide the number of the shop (or shops) you should go to in order to buy these items:

(*a*) a child's tracksuit
(*b*) a man's shirt
(*c*) a bunch of chrys-
    anthemums
(*d*) a box of cigars

(*e*) a cigarette lighter
(*f*) a wedding-ring
(*g*) a lady's blouse
(*h*) a fountain-pen
(*i*) a swimsuit

38

Sales time is always a good time to look for a bargain. *Soldes* is the French word for 'sales'.

Look how shopkeepers claim that their prices are *exceptionnels*, *sensationnels* or *imbattables*. Some even say that their prices have been *massacrés*!

Some advertisements will advise you that as far as buying is concerned, it's now or never: *maintenant ou jamais*!

Sometimes shopkeepers promise to hold their prices only until a certain date: *jusqu'au 16 décembre*, for example. Others will have goods on special offer: *en promotion*.

MAINTENANT OU JAMAIS

Prix exceptionnels
jusqu'au 16 décembre

PRIX IMBATTABLES!

En promotion

− 15%

Soldes

Prix massacrés

PRIX SENSATIONNELS

DES PRIX EXCEPTIONNELS

DU 26 SEPTEMBRE AU 7 OCTOBRE

39

In which season of the year are these sales being held?

40

Riccardo

Articles de Maroquinerie Bagages

What could you buy at this shop?

41

— *du lundi 15 au mercredi 17 juin* —

Soldes exceptionnels

LANCEL

26 rue Vernet - 127 Champs-Élysées

---

1. On which day of the week do these sales begin?
2. On which day do they finish?

42

tony boy

PRÊT-À-PORTER POUR ENFANTS

*pour les enfants
qui bougent*

1. What sort of clothes are sold at Tony Boy?
2. What kind of people should the clothes suit?

43

What items of clothing are sold in this store?

44

SOLDES DE LUXE
DE 30 A 40 %
sur
CANAPÉS
TABLES, CHAISES, LAMPES, ETC.

Can you name all *four* items of furniture which are reduced in price in this advertisement?

45

Exceptionnel

chez **DISCO FRING'S**

3 rue de Verdun **Pornic**

Sur tous les disques 33 tours
REMISE de 25 % à la caisse
jusqu'à épuisement du stock

Des affaires vous attendent...

1. What kind of store is this?
2. On what is a 25 per cent discount being offered?

TEST YOURSELF 7

Can you remember the meanings of these French words and phrases selected from items 37–45?

(*a*) fleurs

(*b*) cadeaux

(*c*) fumeurs

(*d*) maillot de bain

(*e*) soldes d'été

(*f*) lundi

(*g*) chaussures

(*h*) canapé

(*i*) disques 33 tours

1. What items are for sale at a reduced price here?
2. When does the offer finish?
3. Whereabouts in the store will this particular department be found?

47

SAMARITAINE

du 20 au 21 janvier
Prix sensationnels sur des milliers d'articles de qualité . . .

Vêtements dames, enfants   Livres
Chemises pour hommes   Articles de salle de bain
Gants   Electroménager
Cravates   Vaisselle
Chaussures   Verrerie
Parfumerie   Accessoires auto
Radio   Meubles
Articles de voyage   Tapis
                                 Alimentation (épicerie, vins, biscuiterie)

de 10 h à 16 h tous les jours, sauf le lundi

---

1. For how many days are these goods being offered at reduced prices?
2. At what time does the store close?
3. On which day of the week does the store remain closed?
4. Which of the following items are *not* mentioned in the advertisement?

ladies' clothing   books
men's socks   bathroom items
gloves   glassware
belts   carpets
ties   wine
radios   toys
suitcases   men's hats
greengroceries   perfume

1. At which time of year did this advertisement appear?
2. How much does the veal cost?
3. Which meat sells at 38,35F?
4. What is the cost of the chicken?
5. How many packets of coffee would you be able to buy for 22,90F?
6. How much do the beans cost?
7. What costs 8,63F?
8. What item sells at 7,92F?
9. What is the final item mentioned in the advertisement?

49

Which of the following items are mentioned in this advertisement?

(a) perfumes
(b) handkerchiefs
(c) ties
(d) shirts
(e) lighters
(f) hats
(g) carpets
(h) furniture
(i) scarves
(j) clocks
(k) watches
(l) fountain-pens
(m) leather goods
(n) electric shavers
(o) raincoats

HYPERMARCHE

CONTINENT

C

POUR PROFITER DE LA VIE

OUVERT
du LUNDI au SAMEDI
de 9h. à 22h.

Filet de Maquereau au vin blanc **Régal de l'Océan** (le kg 34.65 F) le lot de 2 boîtes de 127 g	**8.**⁸⁰ F
Pâté de campagne Breiz Ivy (le kg 15.50 F) le lot de 2 boîtes de 200 g	**6.**²⁰ F
Fidèle Pâté Chien (le kg 4.78 F) le lot de 6 boîtes de 410 g	**11.**⁷⁵ F
Confiture d'Abricots Plessis bocal de 1 kg	**5.**⁴⁵ F
Pêches au sirop Charleval (le kg 8.09 F) la boîte de 4/4 - 470 g	**3.**⁸⁰ F
Haricots Verts très fins Charleval (le kg 7.28 F) la boîte de 4/4 - 460 g	**3.**³⁵ F
Champignons Hôtel Charleval (le kg 17.83 F) la boîte 1/2 230 g	**4.**¹⁰ F
Petits Pois très fins Charleval (le kg 5.98 F) la boîte 4/4 - 535 g	**3.**²⁰ F
Sardine à l'Huile Régal de l'Océan (le kg 19.60 F) le lot de 3 boîtes de 115 g	**6.**⁶⁰ F
Thon naturel Régal de l'Océan (le kg 32.46 F) la boîte de 154 g	**5.**⁰⁰ F
Café 100% Robusta La paquet de 1 kg	**28.**⁵⁰ F

SURGELÉS

Pizza 4 Saisons (le kg 14.90 F) La pièce	**5.**⁶⁰ F
Pommes noisettes Perlor 350 GR. (le kg 9.60 F) Le sachet	**3.**³⁵ F
Tarte aux Pommes Bahlsen (le kg 30.30 F) La pièce	**10.**⁶⁰ F
Panes de Merlu × 10, **Régal de l'Océan** (le kg 15.70 F) La boîte	**7.**⁸⁵ F
Glace Continent 1 Litre Le Bac	**12.**⁴⁰ F
Glace Continent 2,5 Litres (le litre 9,24 F) Le Bac	**23.**¹⁰ F

1. You want to buy some pâté to eat on a picnic. Does it cost you 6,20F or 11,75F?
2. What kind of jam costs 5,45F?
3. How much are the mushrooms?
4. Which are dearer – the green beans or the peas?
5. Which is most expensive – the sardines, the tuna-fish or the mackerel?
6. You have been asked to bring back from the supermarket the following items . . .
    (a) half a dozen tins of dog food
    (b) a small tub of ice-cream
    (c) an apple pie
    (d) a pizza for tea
    (e) a packet of coffee
    Work out what your total bill should be.

EPICERIE

Riz américain, le kg	5,40F
Farine, le kg	2,00F
Moutarde, le pot de 85 cl	2,65F
Margarine, le pot de 500 g	4,10F
Pain de mie, le paquet de 500 g	3,15F
Confiture d'abricots, le pot de 1 kg	4,20F
Confiture d'abricots, le pot de 450 g	2,15F
Confiture de fraises, le pot de 1 kg	5,45F
Confiture de fraises, le pot de 450 g	2,80F
Sardines à l'huile d'olive, la boîte de 115 g	2,45F
Bière de luxe, le pack de dix bouteilles	7,05F
Bonbons, le paquet de 500 g	3,95F

DROGUERIE

Liquide pour la vaisselle, le litre	3,90F
Gants de ménage, trois tailles, la paire	2,45F

TEXTILES

Chaussures de tennis, deux coloris, blanc,	24,50F à
bleu, du 28 au 44	29,00F
Collants, trois coloris, cinq tailles	3,80F
Chaussettes, huit coloris, du 23 au 44	3,60F à
	4,70F
Draps, quatre coloris, une personne	67,50F
deux personnes	87,00F

Look carefully at this advertisement issued by a large supermarket in Paris. Then answer these questions.

1. Calculate these three bills:
   (a) a tin of sardines, a pot of mustard and two packs of beer
   (b) two packets of sweets, a small jar of strawberry jam and a kilo of flour
   (c) a kilo of rice, a large jar of apricot jam and two litres of washing-up liquid.
2. How many sizes of household gloves are on sale?
3. How many colours of tennis shoes are available?
4. How much would you expect to pay for a pair of size 44 tennis shoes?
5. How much change would you expect from 10F when buying two pairs of tights?
6. How much would you pay for two pairs of size 23 socks?
7. How much dearer than a single sheet is a double sheet?
8. How many colours of sheets are on sale?

52

SOUS-SOL

Ustensiles de cuisine

REZ-DE-CHAUSSÉE

Parfums – joaillerie – montres – cadeaux – souvenirs de Paris – foulards – gants – sacs – articles pour fumeurs

PREMIER ÉTAGE

Bain de mer – librairie – disques – papeterie

DEUXIÈME ÉTAGE

Mode junior – vêtements sport – tricots et chaussures pour dames – linge de maison

TROISIÈME ÉTAGE

Mode féminine – jouets – voyage

QUATRIÈME ÉTAGE

Tapis – éclairage – salon de coiffure

CINQUIÈME ÉTAGE

Vêtements enfants – meubles

SIXIÈME ÉTAGE

TV – radio – photo – restaurant – agence de voyages – rideaux

TERRASSE PANORAMIQUE – BAR

This is the guide to one of the largest department stores in Paris, called Printemps. Read the guide carefully, and then look at the items listed below. Indicate the floors on which the items can be found. Put down, for example, 1, 2, 3, B (= Basement), GF (=

Ground Floor), and so on. The first one has been done for you already.

1. Sports clothes   Floor number 2
2. Toys
3. Gloves
4. Kitchen utensils
5. Records
6. Cameras
7. Children's clothes
8. Swimwear
9. Perfume
10. Ladies' fashions

COMME LES PARISIENNES, ACHETEZ AU PRINTEMPS.

Printemps

64, bd Haussmann Paris 9°.
Tél. 285.22.22. Poste (ext.) 37 87.

Ouvert du lundi au samedi de 9 h 35 à 18 h 30.

⊙ **Pour venir au Printemps, descendez à la station Havre-Caumartin, St-Lazare, Opéra, ou Auber.**
Les tickets peuvent s'acheter à l'unité ou par carnets de 10. Ils sont valables dans le métro et les autobus. Vous pouvez aussi acheter un billet de Tourisme, valable 4 ou 7 jours, pour faire dans Paris autant de voyages que vous voudrez, en métro ou en bus.

1. On how many days of the week is Printemps open?
2. At what time does it open?
3. When does it close?
4. Havre-Caumartin, St-Lazare, Opéra and Auber are all . . . what?

5. You can buy tickets singly or in tens . . . but for what?
   (Mention *two* points.)
6. (*a*) Who would buy a *billet de tourisme*?
   (*b*) What kinds of *billet de tourisme* can you buy?
   (*c*) What is the advantage of buying one?

TEST YOURSELF 8

Can you remember the meanings of these French words and
phrases selected from items 46–53?

(*a*) fourrures

(*b*) quatrième étage

(*c*) livres

(*d*) tapis

(*e*) épicerie

(*f*) sauf le lundi

(*g*) jambon

(*h*) haricots verts

(*i*) champignons

(*j*) café

Around the Town

54

Can you match up the French signs with their correct English meanings?

1	**Défense d'entrer**	**A** Lift
2	**Sortie**	**B** To the platforms
3	**Centre-ville**	**C** Left-luggage office
4	**Ascenseur**	**D** Rooms to let
5	**Autoroute**	**E** No entry
6	**Accès aux quais**	**F** Youth hostel
7	**Salle d'attente**	**G** Exit
8	**Consigne**	**H** Motorway
9	**Chambres à louer**	**I** Town centre
10	**Auberge de jeunesse**	**J** Waiting-room

55

SERVICES D'URGENCE
et SERVICES
ADMINISTRATIFS
et PUBLICS
_____ **par villes** _____

SERVICES D'URGENCE

Pompiers	18	Police	17
Secours médicaux d'urgence (SMUR	18		
et SAMU)	(98) 46.11.33	Ctre anti-poisons Rennes	(99) 59.22.22
Gaz (Services de Sécurité) :			
- Quimper Bénodet	90.30.75	- Douarnenez	92.34.00
- Pont-l'Abbé	87.30.08	- Concarneau	97.88.22

SERVICES ADMINISTRATIFS ET PUBLICS

QUIMPER

Préfecture du Finistère	90.02.80	Mairie, place Laënnec	95.01.69
Gendarmerie, 1, route de Pt-l'Abbé	55.09.24	Police, 3, rue Théodore Le Hars	90.15.41
Centre Hospitalier Laënnec, 14, av. Yves-Thépot			90.30.30
Poste, Renseignements			95.65.85
Météorologie Nationale - Station Quimper-Pluguffan			94.03.43
- Renseignements météorologiques - Sud-Finistère			94.00.69
Bibliothèque municipale - 9, rue Toul-al-Laër			95.77.82
Syndicat d'Initiatives, 3, rue du Roi Gradlon			95.04.69

TRANSPORTS

URBAINS : C.A.T. (Bus) - Renseignements :	90.72.40
S.N.C.F. : informations-renseignements	90.50.50
AVIONS : - Aéroport Quimper-Pluguffan	94.01.15
- Aéroport Brest-Guipavas	84.61.49
- Aéroport Lorient	(97) 82.32.95
TAXIS : - Station de la Gare :	90.16.45
- Radios Taxis Quimpérois :	90.21.21

You have been given this list of important telephone numbers by the French family you are staying with – just in case you need them when you are alone in the house. Write down the number you would dial if you wanted . . .

(*a*) to make an emergency call to the police

(*b*) to ring the town hall

(*c*) to contact the local library

(*d*) to find out the times of buses

(*e*) to ring the fire brigade

(f) to find out some details about local trains

(g) to get some local tourist information

(h) to ring the post office

(i) to get a taxi to the station

(j) to find out the time your plane leaves Quimper airport

56

Can you match up the French signs with their correct English meanings?

1 **Épicerie**

2 **Complet**

3 **Chambres libres**

4 **Soldes**

5 **Caisse**

6 **Libre-service**

7 **Douane**

8 **Interdit aux piétons**

9 **Sortie de secours**

10 **Tarif réduit pour les enfants**

A **Customs**

B **Sales**

C **Self-service**

D **Pedestrians not allowed**

E **Emergency exit**

F **Grocery**

G **Reduced price for children**

H **Full**

I **Rooms vacant**

J **Cash desk**

57

1 **Syndicat d'initiative**

2 **Parc**

3 **Gare SNCF**

4 **Boulangerie-pâtisserie**

5 **Tabac**

6 **Gare routière**

7 **Pharmacie**

8 **Stade**

9 **Piscine**

10 **Jardin public**

Which of these signs would you follow if you wanted to . . .

(a) find the bus station?

(b) buy some cigarettes?

(c) take a walk in the park?

(d) obtain some tourist-information brochures?

(e) catch a train?

(f) buy some bread and cakes?

(g) go swimming?

(h) watch a sports fixture?

(i) spend a few hours sitting in the public gardens?

(j) find a chemist's?

58

1 **COIFFEUR**
2 **CHAUSSEUR**
3 **BOUCHERIE**
4 **STATION-SERVICE**
5 **POISSONNERIE**

6 **BIJOUTERIE**
7 **NETTOYAGE A SEC**
8 **AUTO-ÉCOLE**
9 **CHEMISERIE**
10 **GENDARMERIE**

Which sign would you follow if you wanted . . .

(*a*) some jewellery?
(*b*) driving lessons?
(*c*) help from the police?
(*d*) a shirt?
(*e*) petrol?

(*f*) meat?
(*g*) a haircut?
(*h*) a new pair of shoes?
(*i*) some fish?
(*j*) your clothes dry-cleaned?

59

1 **Fermez les portes s.v.p.** 6 **Tirez**

2 **Ne pas fumer** 7 **Serrez à droite**

3 **Sonnez s.v.p.** 8 **Poussez**

4 **Éteignez votre cigarette** 9 **Ne pas se servir**

5 **Ne pas stationner** 10 **Prenez votre caddie ici**

Everywhere in France you will find notices telling you what you can, and cannot, do. Which of these notices tells you . . .

(a) to keep to the right?

(b) to put out your cigarette?

(c) to pull?

(d) to take your trolley here?

(e) to close the doors, please?

(f) to ring, please?

(g) not to smoke?

(h) not to serve yourself?

(i) not to park?

(j) to push?

60

Can you match up the French notices on the left with their correct English meanings chosen from the right-hand column?

1	Château	A	Underground railway
2	Plage	B	Sea-front
3	Camping interdit	C	Market-place
4	PTT	D	Beach
5	Front de mer	E	Town hall
6	Mairie	F	Castle
7	Place du marché	G	No camping
8	Parking souterrain	H	Post office
9	Métro	I	Bus stop
10	Arrêt autobus	J	Underground parking

TEST YOURSELF 9

Can you remember the meanings of these French words and phrases selected from items 54–60?

(a) sortie   (f) douane

(b) ascenseur   (g) gare SNCF

(c) pompiers   (h) pharmacie

(d) complet   (i) poussez

(e) caisse   (j) PTT

SECTION SIX

Police File (1)

61

Deux explosions et un incendie criminels à Paris

Le portrait-robot de l'homme recherché

What *three* incidents have recently occurred in Paris?

62

AFRIQUE DU SUD

**Explosion
à Johannesburg**

Trois Noirs et un Indien ont été
blessés hier matin par l'explosion
d'une bombe, placée dans le bar
d'un hôtel, en plein centre de
Johannesburg.

1. From which country does this news report come?
2. How many people have been injured?
3. How were they injured?
4. When did the incident occur?
5. Where exactly did the incident take place?

63

Bijouterie attaquée

Une bijouterie située dans le centre de Port-de-Bouc (Bouches-du-Rhône) a été attaquée, vendredi, peu avant la fermeture du magasin, par un homme qui s'est emparé de nombreux bijoux pour une valeur de 200.000F et de 5.000F en liquide qui se trouvaient dans le tiroir-caisse. Le voleur, qui était armé d'un pistolet, s'est enfui à pied.

1. What kind of shop was robbed?
2. When did the attack take place? (2 points)
3. What exactly did the thief steal? (2 points)
4. How was the thief armed?
5. How did he escape?

64

GIFLÉ, IL MET LE FEU A L'ÉCOLE

Les gendarmes de Châlons-sur-Marne ont mis la main sur l'incendiaire qui, dimanche dernier, a essayé de mettre le feu à l'école Abbe-Camut de Châlons-sur-Marne. L'incendiaire, un enfant de dix ans, aurait agi pour se venger de son institutrice qui, il y a un peu plus d'un an, l'avait giflé. Le feu a pu rapidement être éteint. Le jeune garçon a été découvert grâce aux empreintes de pas qu'il avait laissées dans la neige.

1. What kind of building was set on fire?
2. When was the incident?
3. How old was the person arrested?
4. Why exactly was the person seeking revenge?
5. How was the person arrested eventually tracked down?

65

TGV LYON–PARIS: FAUSSE ALERTE A LA BOMBE

Le TGV qui avait quitté Lyon-Perrache hier, à 16 h 50, a dû être arrêté huit kilomètres plus loin à la suite d'une alerte à la bombe. Dans une valise suspecte, les gendarmes chargés de la fouille du train ont découvert une bouteille de vin rouge.

1. What had the train done at 16.50?
2. Where did the train stop?
3. Why did it stop?
4. What suspicious item was examined by the police?
5. What did they find in it?

TEST YOURSELF 10

Can you remember the meanings of these French words and phrases selected from items 61–65?

(a) un portrait-robot
(b) une bijouterie
(c) des bijoux
(d) le voleur
(e) un pistolet

(f) l'école
(g) la neige
(h) une alerte à la bombe
(i) les gendarmes
(j) le vin rouge

66

Fausse alerte à la bombe
sur le TGV

Les voyageurs du TGV 639 Paris–Lyon, parti hier à 18 h 15 de la gare de Lyon, sont arrivés à leur destination avec 2 h 50 de retard à la suite d'une alerte à la bombe qui a amené les responsables de la SNCF à faire arrêter le train en gare de Villeneuve-Saint-Georges (Seine-et-Marne), quelques minutes à peine après son départ.

L'alerte à la bombe a été donnée par téléphone par un interlocuteur anonyme. Les vérifications entreprises par la SNCF et les services de police n'ont donné aucun résultat.

1. At what time did this train leave Lyon?
2. Where was it bound for?
3. How late was the train when it finally reached its destination?
4. How soon after its departure was the train halted?
5. How were police informed of a bomb on board the train?
6. What was discovered?

67

GRANDE-BRETAGNE
Saisie d'ordinateurs en route vers l'Est

Les douaniers britanniques ont saisi dimanche six ordinateurs de fabrication américaine qui étaient sur le point d'être livrés à l'Union soviétique malgré l'embargo de l'OTAN sur les produits de haute technologie à destination des pays de l'Est. Les ordinateurs, d'une valeur totale de six millions de francs (750.000 dollars), étaient transportés à bord d'un camion qui a été intercepté par la douane à Poole, alors qu'il s'apprêtait à embarquer à bord d'un ferry à destination de la France.

1. What was seized by the customs officials?
2. Where had the goods been made?
3. Where were they going to be sent?
4. When was the seizure of the goods made?
5. On what grounds was the seizure carried out?
6. Where were the goods when the customs officials pounced?
7. Where were they going to be shipped to first of all?

68

Une banque attaquée deux fois dans la même journée

Une agence parisienne de la BNP a été attaquée par des gangsters deux fois dans la journée, une fois le matin et l'autre dans l'après-midi.

Peu avant 11 heures, deux malfaiteurs se sont fait remettre, sous la menace de leurs revolvers, les 100.000F que contenait la caisse de la banque, située 147, boulevard Saint-Germain (Paris-VIᵉ). Six heures plus tard, un individu armé d'un pistolet faisait à son tour irruption dans la banque. Il s'emparait cette fois du contenu de la sacoche qu'un client venait de déposer : 201.500F. Avant de partir, il volait aussi le sac d'une passante, ajoutant 8.370F à son butin.

1. Why do you think the bank workers will particularly remember this day?
2. What was stolen in the first raid?
3. When was the attack made?
4. At what time was the next attack?
5. What did the robber take in this second attack? (Mention *two* points.)

69

Un bijoutier blessé par son voleur

Un bijoutier de Clichy-sur-Seine (Hauts-de-Seine), M. Jean Carayroux, cinquante-six ans, a été grièvement blessé d'un coup de feu, mercredi, par un gangster qui voulait dévaliser son magasin. Deux hommes armés de pistolets ont fait irruption vers 19 heures dans la bijouterie, 78, rue de Paris. L'un d'eux a tiré sur M. Carayroux qui tentait de leur résister. Son épouse a elle aussi été blessée, plus légèrement.

1. What is the profession of M. Carayroux?
2. How old is he?
3. How exactly was he injured?
4. When was the attack?
5. At what time was his shop raided?
6. What was M. Carayroux trying to do when he was injured?
7. Who else suffered injury in the raid?

TEST YOURSELF 11

Can you remember the meanings of these French words and phrases selected from items 66–69?

(*a*) le voyageur

(*b*) avec 2 h 50 de retard

(*c*) le départ

(*d*) un camion

(*e*) une banque

(*f*) la Grande-Bretagne

(*g*) un ordinateur

(*h*) l'OTAN

(*i*) la sacoche

(*j*) un bijoutier

News in Brief (2)

70

A

Liban
Un otage
américain
libéré

B

**Air Inter : dix vols annulés
aujourd'hui et demain**

C

**Corée du Sud :
aggravation
de l'agitation
sociale**

D   # Un gendarme
      # tué par un
      # terroriste basque

E   ## Turquie : loi martiale

F   # AUSTRALIE
      # 30 000 mineurs
      # en grève

A1. Who has been freed?
A2. In which country?

B3. What has happened to ten Air Inter flights?
B4. When?

C5. In which country has social unrest become worse?

D6. Who has been killed?
D7. By whom?

E8. What has been imposed in Turkey?

F9. What are 30,000 miners doing in Australia?

102

71

1 Radio	9 Vacances – voyages
2 Spectacles	10 Cinéma
3 Informations générales	11 Théâtre
4 Météorologie	12 Télévision
5 Loto	13 Offres d'emplois
6 Affaires	14 Le marché automobile
7 Sports	15 Petites annonces
8 Immobilier	

These are all headings from the index in a newspaper, telling you what information is contained in its pages.

Which heading would help you to find . . .

(a) what's on at the theatres?
(b) what's on at the cinemas?
(c) radio programmes?
(d) the weather forecast?
(e) general news?
(f) the lottery numbers?
(g) business news?
(h) holiday and travel advertisements?
(i) property news?
(j) sports news?
(k) theatre news and reviews?
(l) offers of jobs?
(m) what's on television?
(n) advertisements for cars?
(o) the classified ads?

72

Enfants oubliés sur l'autoroute

Un touriste belge, qui rentrait de vacances avec ses deux enfants, les a oubliés avant-hier matin sur le bord de l'autoroute A6 dans la traversée de la Saône-et-Loire.

1. Where was the tourist returning from?
2. What error did he make?
3. Where?
4. When did this happen?

73

Un journaliste français a disparu en Grèce

Un journaliste stagiaire de France-Inter, Jacques-Bernard Gané, âgé de vingt-deux ans, est porté disparu depuis lundi dernier, date à laquelle il devait reprendre son travail.

Arrivé en Grèce le 13 juillet dernier, M. Gané s'est signalé à ses proches par une carte postale déposée fin juillet près du site archéologique de Delphes. Il devait regagner la France au début du mois d'août.

1. Who has disappeared?
2. In which country has he disappeared?
3. How old is this person?
4. When did he disappear?
5. What should he have done on that day?
6. How do his relatives know that he did in fact arrive in the country?
7. When should he have returned to France?

74

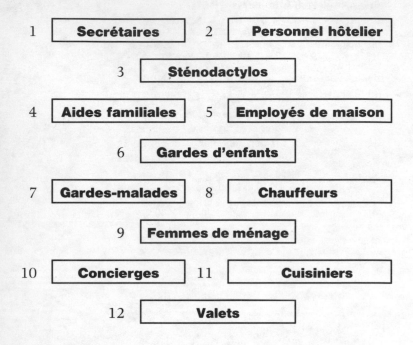

1 **Secrétaires**   2 **Personnel hôtelier**

3 **Sténodactylos**

4 **Aides familiales**   5 **Employés de maison**

6 **Gardes d'enfants**

7 **Gardes-malades**   8 **Chauffeurs**

9 **Femmes de ménage**

10 **Concierges**   11 **Cuisiniers**

12 **Valets**

Job advertisements in a French newspaper were printed under these headings. Under which of the headings are the advertisements for . . .

(a) secretaries?
(b) home helps?
(c) hotel staff?
(d) shorthand typists?
(e) caretakers?

(f) domestic staff?
(g) cooks?
(h) drivers?
(i) butlers?
(j) cleaning ladies?

TEST YOURSELF 12

Can you remember the meanings of these French words and phrases selected from items 70–74?

(a) un otage
(b) annulé
(c) en grève
(d) les vacances
(e) disparu

(f) une carte postale
(g) au début du mois d'août
(h) sténodactylos
(i) femmes de ménage
(j) concierges

75

These headlines are taken from a recent French newspaper. Read them carefully and then try to answer the questions which follow.

A

« Il faudrait augmenter le prix du gaz de 10 % cet été »

B

267.860 CAMBRIOLAGES

C *Les champions
du monde battus*

D <u>La signature du traité
de paix de Washington</u>

E **La délinquance juvénile
en progression constante**

F **De nouveau
la grève**

G   **Grève des éboueurs**

        parisiens

H **Nouvel accroissement du nombre des demandeurs d'emploi en septembre**

A1. What is being increased by 10%?

A2. When will this happen?

B3. There have been 267, 860 . . . what?

c4. What has happened to the world champions?

D5. What has been signed in Washington?

E6. What does the headline say about juvenile delinquency?

F7. There is another . . . what?

G8. Who is on strike now?

H9. In September there has been an increase in the number of people doing . . . what?

76

Une huître de 2.000 francs

Mme Toros, une Marseillaise qui dégustait dimanche des huîtres chez un écailler de La Ciotat, a eu l'heureuse surprise de trouver une perle qui a été estimée à 2.000 F.

1. When did this unusual incident take place?
2. What was Mme Toros doing?
3. What did she discover?

77

Le sous-marin nucléaire lance-engins 'Florida', troisième d'une série de dix, porteur de vingt-quatre missiles équipés de huit têtes nucléaires portant à sept mille kilomètres, a été lancé aux chantiers navals de Groton (Connecticut). Il sera opérationnel à la fin de l'année prochaine.

1. What kind of vessel is the *Florida*?
2. How many more similar vessels will be built?
3. What does the *Florida* carry on board?
4. When will the vessel be operational?

78

1 **TV: audience en baisse**

2 **Nouvelle grève des cheminots**

3 **Bourse: le boom**

4 **Lutte contre la drogue au lycée**

5 **OPEP:**
l'Irak hostile au gel des prix du pétrole

6 **Premier bébé éprouvette**

7 **Quatre millions de francs**
en fausse monnaie saisis à Lyon

8 **66 morts dans un cinéma**
en flammes à Turin

9 **Explosion à un cabaret**

10 **Hold-up dans une banque**

11 **Hausse record de la délinquance:**
augmentation de 15%

12   Dix hommes otages d'un gangster en Autriche

13   Deux avalanches font six morts en Savoie

14   Chômage: nouvelle stratégie étudiée par le gouvernement – 1.344.100 demandeurs d'emploi en octobre (+ 4,6%)

15   La lutte contre le tabagisme chez les jeunes: un quart des 12–14 ans fument presque régulièrement

Read these news headlines carefully. Which one of them tells you about . . .

(a) a bank robbery?
(b) the first test-tube baby?
(c) an increase in delinquent behaviour?
(d) the fight against drugs in schools?
(e) a cinema on fire?
(f) a decline in the number of television viewers?
(g) a gangster taking ten people hostage in Austria?
(h) an explosion in a night-club?
(i) a new strike by railway workers?
(j) four million francs of counterfeit money seized in Lyon?
(k) a boom on the Stock Exchange?
(l) Iraq not wanting oil prices to be held steady?
(m) avalanches in Savoy (eastern France)?
(n) the campaign against the large number of children smoking in schools?
(o) a government plan to combat unemployment?

79

Une carte postale a mis dix-huit ans pour faire dix kilomètres

L'escargot est battu: une carte postale, écrite en 1969, a mis dix-huit ans pour parcourir les dix kilomètres séparant Neuville-sur-Ain (Ain) du village voisin de Challes-la-Montagne (Ain). La carte, représentant le château de Neuville, était envoyée par Martine Jouagnier, alors élève institutrice, à une de ses amies, Josette Cuturier.

Le père de cette dernière, qui vient de réceptionnner le courrier, a eu une deuxième (mauvaise) surprise: le préposé lui a réclamé la valeur d'un timbre surtaxe de 3,90 francs. L'affranchissement d'époque s'élevait en effet à 30 centimes.

1. When was this postcard written?
2. How far away was its destination?
3. How long did it take to reach there?
4. What was there a picture of on the postcard?
5. Explain what the second (unpleasant) surprise was when the postcard was delivered.

TEST YOURSELF 13

Can you remember the meanings of these French words and phrases selected from items 75–79?

(a) un cambriolage
(b) un traité de paix
(c) des huîtres
(d) un sous-marin
(e) une tête nucléaire
(f) un bébé éprouvette
(g) le chômage
(h) l'escargot
(i) une institutrice
(j) un timbre

80

CORÉE
Douze blessés
dans des affrontements

Une douzaine d'étudiants et une photographe sud-coréens ont été blessés, hier après-midi, dans des affrontements avec la police devant le campus de l'université Yonsei, à Séoul.

Les incidents ont éclaté lorsque quelque deux mille étudiants qui manifestaient sur le campus ont tenté de forcer les barrages de police en jetant des pierres et en frappant les policiers avec des bâtons pour sortir de l'université. Ils ont été repoussés à coups de grenades lacrymogènes.

1. In which country were these disturbances?
2. How many students were injured?
3. Who else received injuries?
4. How many students were involved in demonstrations?
5. What did the students try to do?
6. How did the students then attack the police? (Mention *two* points.)
7. How did the police drive the students back?

81

Deux Français dans un ballon
au-dessus de la Méditerranée

Deux aérostiers français, qui tentent la première traversée de la Méditerranée dans un ballon à air chaud, ont décollé, mercredi soir, de Vezenobres, dans la région d'Alès.

Michel Arnould, 38 ans, et Hélène Dorigny, 36 ans, se sont envolés dans le plus gros ballon du monde, baptisé 'Le Primagaz'. Leur destination est la Tunisie ou l'Algérie, après une traversée de 900 kilomètres. Ils s'attaquent à une performance jamais réalisée en montgolfière au-dessus de la Méditerranée.

1. What are the balloonists attempting to be the first to do?
2. When did they take off?
3. What is remarkable about the size of the balloon?
4. Where do they hope to land?

82

Fill in this missing-persons report based on the information supplied in the news item below.

Name	1.
Sex: male/female	2.
Age	3.
Day last seen	4.
Time last seen	5.
Place last seen	6.
In the case of a child, state parents' occupation	7.

Description of missing person:
    build
    features
    hair
    clothing
    personality
	8.

Disparition d'une fillette à Paris

Une fillette de trois ans et demi, Marie Desfontaines, a disparu depuis dimanche dans la cité Galaxie, à Paris. A l'heure de sa disparition, vers 19 heures, elle jouait sur le pas de la porte, devant cet immeuble dont ses parents sont concierges.

Les recherches effectuées par ses parents et par la police n'ont donné aucun résultat. Marie est une fillette mince au visage rond, très avenante, aux cheveux longs châtain clair, coiffés en une queue de cheval. Au moment de sa disparition, elle portait un manteau bleu, une robe rose, des chaussettes rouges et des chaussures bleu foncé. Toute personne qui l'aurait aperçue est priée de donner des renseignements au commissariat le plus proche.

83

Brest:
un immeuble soufflé
par une explosion

Un immeuble de deux étages, situé au centre-ville de Brest, a été soufflé mardi soir, peu après vingt-deux heures, par une explosion. L'origine de l'explosion n'a pas été établie.

Selon des habitants des immeubles voisins, 'ça sentait le gaz toute la journée dans le secteur'.

1. How high was the building mentioned in this news report?
2. What happened to the building?
3. At what time did the incident described occur?
4. What comment was made by other inhabitants of the district?

84

Nouveau séisme
à Los Angeles

Des habitants de Los Angeles se sont précipités dans les rues hier à l'aube après avoir été réveillés par un nouveau tremblement de terre qui a secoué la métropole de la Californie, faisant un mort et quelques blessés légers et des dommages matériels.

La secousse a fait trembler les immeubles, déclenché les systèmes d'alarme des voitures et des habitations, coupé l'électricité et lancé dans les rues des habitants affolés, dont certains étaient en robe de chambre et se sont mis à courir.

1. When did people start running out into the streets?
2. What had woken them up?
3. What happened to blocks of flats?
4. What happened to cars in the area?
5. How were some of the people dressed?

85

Nantes:
Violences antinucléaires

Près de 7.000 manifestants, samedi à Nantes, ont défilé pendant deux heures dans le calme pour protester contre le projet d'implantation d'une centrale nucléaire au Pèlerin. Mais vers 17 heures, les bureaux de l'EDF étaient attaqués par une centaine de manifestants qui tentèrent d'y mettre le feu. Puis le poste de police devint l'objectif de jeunes casqués et armés de barres de fer. Le service d'ordre dégagea les points névralgiques. Ce fut alors du vandalisme: vitrines et parcmètres brisés et pillés, voitures endommagées. La police devait interpeller trois individus. L'un d'eux a été présenté dimanche matin au parquet.

1. What were the 7,000 demonstrators protesting about?
2. How long did their procession last for?
3. When did violence erupt?
4. What did about a hundred demonstrators do then? (Mention *two* points.)
5. What building was attacked next?
6. How were the attackers dressed and what were they carrying?
7. What acts of destruction followed? (Mention *three* points.)
8. How many people were questioned by the police?

TEST YOURSELF 14

Can you remember the meanings of these French words and phrases selected from items 80–85?

(a) un étudiant

(b) manifester

(c) la première traversée

(d) décoller

(e) un immeuble

(f) une queue de cheval

(g) des chaussettes

(h) des chaussures

(i) des renseignements

(j) un séisme

SECTION EIGHT

Accident Reports (1)

86

Grosse récompense si on rapporte
sac tombé de voiture, contenant
bijoux famille et somme d'argent,
perdu le cinq décembre à Neuilly.

Read this newspaper advertisement and then complete in English
the lost-property report below.

Item lost	1.
How lost	2.
Contents	3.
Date lost	4.
Place lost	5.
Reward offered: Yes/No	6.

87

Catastrophe aérienne évitée sur les côtes de Floride: un Boeing 727 de la compagnie National Airlines s'est abîmé en mer, dans la baie d'Escambia (Golfe du Mexique) avec soixante personnes à bord.

Trois d'entre elles ont été tuées. Trois autres sont portées disparues.

L'appareil a effectué ses manoeuvres d'approche à trop basse altitude et s'est posé sur une mer calme.

Passagers et équipage ont pu être rapidement dégagés de la carlingue posée sur la vase par trois mètres de fond.

1. How many people were on board this aircraft?
2. What did the aircraft crash into?
3. How many passengers are still missing?
4. What was the cause of the crash?
5. What do you think helped so many people on board to reach safety? (Mention *two* points.)

88

MADRID: TRENTE BLESSÉS DANS UN ACCIDENT DE MÉTRO

Une trentaine de personnes ont été blessées lundi soir à Madrid lors d'un accident de métro. Une rame, qui semble n'avoir pas respecté un feu rouge, en a tamponné une autre, arrêtée dans la station de Menendez Pelayo. Le choc a été très violent et les deux rames ont été sérieusement endommagées. Les blessés ont été rapidement transportés dans les hôpitaux. Tous, sauf trois qui ont dû être hospitalisés, ont pu regagner leur domicile après des soins légers.

1. When was this accident?
2. What kind of trains were involved?
3. Explain how the crash occurred.
4. How many people were taken to hospital?
5. What were the other passengers able to do very soon?

89

Collision maritime en mer du Nord: ouverture d'une enquête

Une enquête officielle a été ouverte lundi à la suite de la collision, dimanche soir dans la mer du Nord, de deux car-ferries britanniques qui a entraîné la mort de cinq personnes et la disparition d'une sixième. L'accident, qui s'est produit au large du port britannique de Harwich, serait dû à une erreur de navigation ou de radar.

Après avoir été repêchés en mer, les 64 passagers rescapés du 'European Gateway' qui a fait naufrage ont mis en cause le dispositif de sécurité à bord du navire, faisant état notamment de la difficulté de mettre les canots de sauvetage à la mer et de l'impossibilité de trouver des gilets de sauvetage.

1. What was the nationality of the car-ferries involved in this accident?
2. How many car-ferries were involved?
3. When was the accident?
4. Where did the accident take place?
5. What is thought to be the cause of the crash?
6. Where were the 64 passengers from the *European Gateway* when they were rescued?
7. What *two* things did these passengers criticize after their rescue?

90

Deux Mirage
se heurtent en plein vol

Deux Mirage F1 de la 5e escadre de chasse, basée à Orange, se sont heurtés lundi peu après 21 heures, en plein vol, au cours d'une sortie d'entraînement, alors qu'ils se trouvaient à vingt kilomètres au sud de Sète, au-dessus de la Méditerranée.

Un des pilotes ayant fait fonctionner son siège éjectable est sain et sauf. Des recherches par air et par mer se sont poursuivies hier pour retrouver le second pilote porté disparu.

1. At what time did these aircraft collide?
2. What kind of aircraft were they?
3. What were both aircraft doing at the time of the crash?
4. How did one pilot save himself?
5. What is being done to find the second pilot?

TEST YOURSELF 15

Can you remember the meanings of these French words and phrases selected from items 86–90?

(a) une récompense

(b) l'argent

(c) perdu

(d) l'équipage

(e) une rame

(f) un feu rouge

(g) endommagé

(h) une enquête officielle

(i) faire naufrage

(j) un siège éjectable

91

Émotion sur un ferry

Un car-ferry, le *Ionic*, s'est échoué sur un banc de sable, hier matin, près du port de Larne (est de l'Ulster), mais les quarante-deux passagers et l'équipage ont été évacués sains et saufs en fin de matinée.

L'accident s'est produit juste avant l'entrée du port nord-irlandais, à cause du manque de visibilité dû à un épais brouillard, alors que la mer était calme.

1. On what did this car-ferry run aground?
2. How many passengers were on board?
3. Where was the ferry sailing to?
4. What was the weather like at the time of the incident?
5. What was the state of the sea?

92

Autoroute à l'envers: trois blessés

Un septuagénaire, qui roulait en sens inverse sur l'autoroute A10 entre Châtellerault (Vienne) et Nouatre (Indre-et-Loire), a provoqué, vendredi soir, un accident qui a fait trois blessés graves.

Gaston Guenau, soixante-quatorze ans, de Vouzailles (Vienne), après avoir emprunté, sur une distance de 25 kilomètres environ, l'autoroute A10 en sens contraire, a percuté de plein fouet une automobile qui était en train de dépasser un camion.

1. When was this motorway accident?
2. What was the cause of it?
3. What was the vehicle that M. Guenau crashed into doing at the time?

93

Les oeufs
de Pâques explosent

Plusieurs détonations, au cours de la nuit de samedi à dimanche, ont réveillé une rue du centre de Lérouville (Meuse). Des habitants se sont levés, les uns avec un fusil, les autres avec un bâton.

La cause de ces détonations fut rapidement trouvée: c'était une habitante qui, préparant les fêtes de Pâques, avait mis des oeufs à bouillir sur le gaz et s'était couchée en les oubliant. Une fois l'eau évaporée, les oeufs secs et durs avaient éclaté.

1. When did this incident occur?
2. What effect did it have on local inhabitants?
3. How did the inhabitants arm themselves? (Mention *two* points.)
4. What was exploding?
5. Explain how the explosion had come about.

94

Un DC9 italien s'écrase en Sardaigne: 31 morts

Un DC9 italien de la compagnie ATI s'est écrasé, l'autre nuit, en Sardaigne, près de Cagliari. Toutes les victimes sont italiennes.

L'accident pourrait être dû au mauvais temps qui régnait à ce moment sur la région. Le pilote du DC9 a cessé tout contact avec la tour de contrôle dix minutes avant le moment prévu pour son atterrissage. Et, selon certaines informations, l'avion pris dans un violent orage aurait été atteint par la foudre, avant de s'écraser sur la montagne.

Les secours ont été très longs à s'organiser, l'accident s'étant produit à sept kilomètres de la route nationale reliant la localité de Sarroch à Cagliari, et l'emploi des hélicoptères ayant été rendu impossible au petit matin, en raison du brouillard. Les équipes de sauveteurs ont dû progresser à pied dans une zone montagneuse difficile d'accès. Ils devaient découvrir l'épave dans une crevasse.

L'appareil, avec 27 passagers et 4 membres d'équipage à bord, avait quitté l'aéroport d'Alghero (Sardaigne) à 0 h 30 (heure locale) et devait atterrir à Cagliari une demi-heure après, avant de repartir pour Rome.

1. Of what nationality was the aircraft which crashed?
2. What might have been the cause of the crash?
3. When did the pilot break off contact with the control tower?
4. What did the aircraft crash into?
5. What do some people think might have happened to the aircraft before it crashed?
6. Why was help so long in arriving at the scene?
7. Why could helicopters not be used in the search?
8. At what time was the plane due to reach Cagliari?
9. What was it going to do after that?

TEST YOURSELF 16

Can you remember the meanings of these French words and phrases selected from items 91–94?

(a) un banc de sable
(b) un épais brouillard
(c) en sens inverse
(d) dépasser un camion
(e) un fusil

(f) un bâton
(g) Pâques
(h) un oeuf
(i) la tour de contrôle
(j) l'atterrissage

Weather News (1)

95

LA MÉTÉO DE L'ÉTÉ

For which season of the year is this weather headline?

1. Which country is trying to tempt you to visit it?
2. What is the temperature like there in November and December?
3. What will you be forgetting by travelling there?
4. According to the advertisement this area is always . . . what?

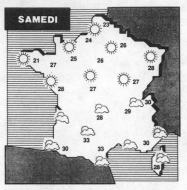

Soleil et chaleur

Davantage d'orages

1. For which two days of the week are these weather forecasts?
2. What will the weather be like on the first day?
3. What weather will the second day be having, according to the headline?

98

Read carefully the following weather headlines and then try to match each one with its English equivalent in the list below.

1 Soleil aujourd'hui, nuages demain
2 Brumes matinales
3 Nuageux et pluvieux
4 Éclaircies dans le Midi
5 Quelques averses
6 Plus froid
7 Vents forts
8 Brumeux mais ensoleillé
9 Frais et instable
10 Chaud avec risques d'ondées orageuses

A Cool and changeable
B Colder
C Sunny spells in the south
D Cloudy and rainy
E Misty but sunny
F Strong winds
G Morning mists
H A few showers
I Hot with a risk of stormy showers
J Sunny today, cloudy tomorrow

99

Look opposite at the weather chart.
Can you see exactly when these temperatures were measured?
See how many of these other questions about the weather chart
you can get right . . .

1. Which town in France has the lowest temperature?
   - (a) Embrun
   - (b) Bordeaux
   - (c) Clermont-Ferrand
   - (d) Dijon
   - (e) Paris
2. How many towns in France are having sunny weather?
   - (a) four
   - (b) five
   - (c) nine
   - (d) ten
   - (e) eleven
3. Which of these towns is *not* foggy?
   - (a) Marseilles
   - (b) Nancy
   - (c) St-Étienne
   - (d) Strasbourg
   - (e) Cherbourg
4. What was the weather like in (a) Berlin, (b) Brussels, (c) Edinburgh, (d) Geneva, (e) Peking?
5. Which town or city had the highest temperature anywhere in the world?
6. Where would *you* most like to be at the moment, according to figures shown on the weather chart? Give your reasons.
7. Where would you least like to be? (Say why!)

CLIMATS POUR VOS VOYAGES

Temps à 13 heures (heure de Paris), le 11 novembre
(S : soleil ; N : nuageux ; C : couvert ; P : pluie ; A : averse ; O : orage ;
B : brouillard ; * : neige).

FRANCE

Ajaccio	N	8
Biarritz	C	12
Bordeaux	S	14
Brest	N	13
Cherbourg	B	11
Clermont-F.	S	0
Dijon	B	−1
Dinard	N	12
Embrun	S	1
Grenoble	S	4
La Rochelle	B	14
Lille	B	2
Limoges	S	8
Lorient	B	11
Lyon	S	3
Marseille	B	8
Nancy	B	1
Nantes	N	12
Nice	S	9
Paris	S	0
Pau	C	12
Perpignan	S	13
Rennes	C	11
Rouen	B	4
St-Étienne	S	4
Strasbourg	B	3
Toulouse	C	13
Tours	S	6

EUROPE

ANGLETERRE – IRLANDE

Brighton	B	6
Edimbourg	C	9
Londres	B	9
Cork	N	10
Dublin	B	10

ALLEMAGNE – AUTRICHE

Berlin	N	7
Bonn	B	0
Hambourg	N	7
Munich	B	2
Vienne	B	4

BELGIQUE – HOLLANDE

Bruxelles	B	2
Amsterdam	B	7

ESPAGNE – PORTUGAL

Barcelone	C	11
Las Palmas	S	18
Madrid	C	7
Marbella	C	13
Palma Maj.	B	10
Séville	N	15
Lisbonne	N	16
Madère	C	19
Porto	N	17

ITALIE

Florence	O	0
Milan	B	2
Naples	B	7
Olbia	S	14
Palerme	C	16
Reggio Cal.	S	14
Rimini	S	3
Rome	B	6

GRÈCE – TURQUIE

Athènes	N	9
Corfou	S	8
Patras	S	8
Rhodes	N	16
Salonique	B	3
Ankara	N	2
Istanbul	B	9

PAYS NORDIQUES

Copenhague	S	−1
Helsinki	S	−3
Oslo	S	−1
Stockholm	S	0

SUISSE

Bâle	B	3
Berne	B	2
Genève	B	5

U.R.S.S.

Leningrad	A	−4
Moscou	A	−2
Odessa	B	6

YOUGOSLAVIE

Belgrade	B	4
Dubrovnik	S	7

RESTE DU MONDE

AFRIQUE DU NORD

Agadir	S	13
Alger	C	13
Casablanca	C	12
Djerba	C	17
Marrakech	S	11
Tunis	C	15

AFRIQUE

Abidjan	N	27
Dakar	S	25
Le Cap	S	16

PROCHE-ORIENT

Beyrouth	–	–
Eilat	S	18
Le Caire	–	–

U.S.A. – CANADA

Boston	B	13
Chicago	N	1
Houston	S	13
Los Angeles	B	17
Miami	C	22
New York	B	11
Nouv.-Orl	C	9
San Francis	–	–
Montréal	P	4

CARAIBES

Ft-d.-France (F)	O	22
Pte-à-Pitre (F)	P	23
San Juan (US)	S	26

EXTREME-ORIENT

Bangkok	O	29
Hongkong	S	26
Pékin	S	10
Singapour	O	27
Tokyo	B	21

AMÉR. CENTR. ET SUD

Acapulco	S	26
Buen. Aires	C	16
Cancun	C	19
Lima	N	20
Mexico	B	12
Rio de Jan	–	–
Santiago	S	9

PACIFIQUE

Papeete	S	26

Look carefully at the weather chart on p. 141, and then answer YES, NO, or NOT KNOWN to these questions . . .

	Yes	No	Not known
1. Is it sunny in Paris?			
2. Is it overcast in London?			
3. Are there any storms in Italy?			
4. Does Basle have the highest temperature in Switzerland?			
5. What is the weather like in San Francisco?			
6. Has Cork got snow?			
7. Is it raining in Montreal?			
8. Is Mexico City hotter than Rio?			

These places are all mentioned on the weather chart. Do you
know what they all are in English? (If you get stuck, have a look
at the box overleaf. It may help!)

Angleterre	Autriche
Espagne	Proche-Orient
Suisse	URSS
Allemagne	Extrême-Orient

Austria	Spain
England	Germany
Middle East	Switzerland
Russia	Far East

100

ORAGES: DEUX MORTS, D'ÉNORMES DÉGÂTS ET 2.000 APPELS CHEZ LES POMPIERS

La région parisienne et l'ouest de la France ont été touchés durant la nuit de mercredi à jeudi par les violents orages qui ont causé d'importants dégâts matériels.

A Paris, une dizaine d'arrondissements ont été plongés dans l'obscurité durant quelques minutes.

Des parkings souterrains et certaines stations de métro ont été inondés.

A l'aéroport de Paris-Orly, plusieurs vols ont été retardés en raison des trombes d'eau qui s'abattaient sur les pistes.

Dans l'ouest de la France, la foudre a provoqué l'incendie de beaucoup de maisons.

En région parisienne, des voitures – vides d'occupants – ont été emportées par l'eau arrivant en torrent. A Versailles, les pompiers ont été débordés: mille appels au secours ont été reçus durant la nuit.

Des ascenseurs ont été bloqués, et des hommes-grenouilles ont dû plonger dans des parkings inondés pour vérifier que des automobilistes n'étaient pas restés coincés dans les voitures immergées.

---

1. Which *two* areas of France were affected by the stormy weather?
2. When did the storms break?
3. What happened to many areas of Paris for a few minutes?
4. Name *two* kinds of buildings which were flooded.
5. Why were flights delayed at Orly airport in Paris?

6. What happened to many houses in western France?
7. Explain what happened to some cars in the Paris area.
8. Why did firemen in Versailles find it hard to cope?
9. What happened to some lifts?
10. Why were frogmen diving into flooded car-parks?

101

Aujourd'hui en France

Région parisienne: Ciel gris et brumeux ce matin, avec de petites bruines possibles, puis quelques éclaircies l'après-midi. Les vents, faibles, souffleront de nord-ouest. Après de faibles gelées matinales, les températures s'élèveront légèrement.

Ailleurs: Sur les Pyrénées, le Massif Central, le sud des Alpes et les régions méditerranéennes, il fera beau.

Sur le reste du pays, la matinée sera grise et parfois brumeuse, avec de petites pluies des Flandres à l'Alsace et à la Savoie (neige au-dessus de huit cent mètres d'altitude), puis des éclaircies apparaîtront l'après-midi, principalement sur les régions situées au sud de la Loire.

Les vents, généralement faibles, souffleront de nord à nord-ouest. Les températures s'élèveront légèrement.

---

1. What will the weather be like in Paris this morning? (3 points)
2. What do you know about this morning's winds? (2 points)
3. What will the weather be like in the Pyrenees?
4. What will the morning be like in the rest of the country? (2 points)
5. What can be expected between Flanders and Alsace and Savoy?
6. What will there be in areas over 800 m above sea level?
7. What kind of weather will areas south of the Loire have this afternoon?
8. In which direction will winds be blowing?
9. What will happen to temperatures?

102

SEPT BLESSÉS DANS LE CAR SCOLAIRE

Sept enfants de dix à douze ans ont été blessés lundi après-midi à Revin (Ardennes): le car de ramassage scolaire qui les transportait a dérapé sur une route enneigée.

1. How many children were injured?
2. When did the accident occur?
3. What kind of vehicle were they travelling in?
4. How is the accident believed to have happened?

TEST YOURSELF 17

Can you remember the meanings of these French words and phrases selected from items 95–102?

(*a*) température moyenne
(*b*) le froid
(*c*) la chaleur
(*d*) le soleil
(*e*) des orages
(*f*) un parking souterrain

(*g*) plusieurs vols ont été retardés
(*h*) la foudre
(*i*) mille appels au secours
(*j*) des hommes-grenouilles

SECTION TEN

Holidays and Leisure (2)

103

1. Which country would you be touring on this holiday?
2. How would you be touring?
3. On which dates are the tours mentioned here starting?
4. Where do the tours begin?

104

NOS VOYAGES DE SEPTEMBRE
au départ de Lyon/Satolas

PRIX PAR PERSONNE
(base chambre double)

- **Week-end à Varsovie**
  du 1er au 3 septembre
  du 15 au 17 septembre **1 370**F

- **Week-end à Copenhague**
  du 1er au 4 septembre
  du 15 au 18 septembre **1 870**F

- **Grand tour de Turquie**
  du 2 au 11 septembre **3 265**F

Renseignements - Inscriptions

HAVAS VOYAGES
RHÔNE-ALPES
proche de vous, pour réussir vos vacances

LYON - ANNECY - BOURG - CHAMBERY - CHAMPAGNOLE - DOLE
GAP - GRENOBLE - LONS LE SAUNIER - MACON - MONTCEAU - OULLINS
ROANNE - ST ETIENNE - VALENCE - VIENNE - VILLEFRANCHE

1. In which month are these holidays available?
2. Which city would you leave from?
3. What accommodation would you expect for these prices?
4. In which two cities are weekend breaks available?
5. Which other country is there a tour of?

105

1. In which two cities are holidays offered?
2. Which holiday is the dearer?
3. How long does each holiday last?
4. What *four* things are included in the price of both holidays?
5. On which day would you return from these holidays?
6. What shorter holidays are available in these cities if required?

106

1. From which city does this flight leave?
2. What will you have free of charge on board the aircraft?
3. By how much is the cost reduced for children up to the age of twelve?
4. What could you buy for 1,040 francs?
5. How long are tickets valid for?

107

LA TRANSATLANTIQUE LÉGENDAIRE

ALLEZ A NEW YORK A BORD DU QUEEN ELIZABETH 2
ET REVENEZ GRATUITEMENT, A PARIS, EN AVION.

7.920 F Pour 7.920 F, Cunard vous emmène de Paris, le 14 décembre*
à Southampton, d'où vous embarquerez à bord du presti-
gieux Queen Elizabeth 2 pour la traversée légendaire à destination de
New York... et vous revenez à Paris en avion.
5 jours inoubliables précèdant l'arrivée spectaculaire dans le port de
New York.
Un accompagnateur parlant français sera présent pendant le voyage.
Pour en savoir plus, retournez le coupon-réponse ci-dessous.
* Départs également les 16 octobre et 7 novembre.

Faites-moi parvenir, sans engagement de ma part, la brochure Queen Elizabeth 2 :
Nom : _____
Adresse : _____
Code postal : _____ Ville : _____
Tél. domicile : _____ bureau : _____

1. How do you travel to New York, and how do you return?
2. Where does the holiday start?
3. Where do you board the QE2?
4. How long does it take to reach New York?
5. Who accompanies the holiday?
6. On which *three* dates are departures available?

TEST YOURSELF 18

Can you remember the meanings of these French words and phrases selected from items 103–107?

(a) en autocar
(b) une agence de voyages
(c) une chambre double
(d) une semaine
(e) un avion-jet

(f) des boissons
(g) aller-retour
(h) aller simple
(i) des billets
(j) des repas chauds

108

CAMPING MUNICIPAL

Terrain classé***
225 emplacements

Ouvert du 1er mars au 31 octobre

Aucune réservation n'est possible

Notre tarif journalier . . .

Adulte 25,50 F
Enfant de moins de 7 ans 23,50 F
Emplacement pour la tente, 23,00 F
Véhicule 22,50 F

Le tarif est calculé de midi à midi
Notre bureau est ouvert de 8 h 30 à 19 h
L'épicerie libre-service est ouverte de 7 h à 13 h 30
et de 16 h 30 à 19 h

Plats cuisinés servis à la réception jusqu'à 21 h

Le facteur passe tous les matins vers 9 h 30

---

1. How many spaces does this campsite have?
2. Is this campsite open in (*a*) February, (*b*) March, (*c*) July, (*d*) November, (*e*) December?
3. Calculate the bill for two adults and a five-year-old child staying here with a tent for three nights.
4. At what time does the campsite office close in the evening?
5. For how many hours a day is the grocery open?
6. What can you obtain at reception until 9 p.m.?
7. Who comes to the campsite every morning at about 9.30?

109

Read this advertisement and tick those statements below which you think are correct.

1. This is an advertisement for a holiday in Saint-Malo.
2. You have a choice of three standards of hotel.
3. A three-star hotel is 90 F cheaper.
4. The price includes two nights in a double room.
5. Also included are two lunches.
6. You can hire a car and drive it for a day as far as you want, at no extra charge.
7. You can play tennis for a day – and it's all included in the price!
8. You can go swimming, horse riding, or go to a museum – free of charge!
9. You will be given – absolutely free! – a dozen snails to taste.
10. This holiday is on offer only until 31 May.

YOUGOSLAVIE

CAVTAT

Cavtat est un village attrayant, merveilleusement situé dans une péninsule au sud de Dubrovnik. Ce paisible paysage vert est très agréable. A conseiller: une excursion à Konavlje, région viticole où la population locale porte encore ses costumes traditionnels, très riches en couleurs.

Hotel Albatros, Cavtat

Ce bel hotel n'est séparé de la plage de galets et de gravillons que par un beau jardin et une route tranquille. Taxis et bateaux-taxis assurent la liaison avec le centre de Cavtat, qui se trouve à 1.200 m.

Facilités: * plage privée avec matelas et parasols * piscine d'eau de mer en plein air * piscine d'eau de mer couverte * terrasses-solariums * bar/restaurant-grill sur la plage * restaurant Rubin * bar-apéritif * salons * bars * discothèque * salon de coiffure * salle de conférences/salle TV * ascenseurs * animaux domestiques non admis.

Repas: petit déjeuner standard. Déjeuner et dîner: 3 plats (avec choix de menus).
Possibilité de manger 'à la carte' moyennant supplément.

Sport et détente: golf miniature, ping-pong.
Location de bateaux à rames et de canoës de mai à septembre inclus.

Enfants: possibilité de manger plus tôt au restaurant, bassin pour enfants, petit lit à disposition, babysitting sur demande. De mai à octobre inclus, programme d'animation quotidien avec e.a. chasse au trésor, dessin, jeux, film, bingo sous la conduite d'une monitrice.

Extra: de mai à octobre inclus: soirée dansante quotidienne (orchestre).

Logement: en chambres avec bain, douche, toilette, téléphone, balcon et vue mer.

A partir de 2.650 F au départ de Paris

1. What kind of beach can be found at Cavtat?
2. How can the centre of Cavtat be reached? (2 points)
3. How far is the Hotel Albatros from the town centre?
4. What are you told about the swimming-pools?
5. Are pets allowed in the hotel?
6. How many courses will you be offered for lunch and dinner?
7. When can the rowing-boats and canoes be hired?
8. What kinds of activities are organized each day for children? (5 points)
9. What entertainment is offered in the evenings from May to October?
10. Mention *six* features of each hotel room.

111

AVIS AUX PASSAGERS

EMBARQUEMENT DES AUTOMOBILES

Les passagers sont invités:
— à laisser les bagages dans leur voiture;
— à fermer les portes à clé;
— à se munir des papiers (passeports, billets de passage, etc.) et objets qui peuvent leur être nécessaires durant la traversée.

L'accès aux différents ponts des autos est interdit durant la traversée. Il est interdit de fumer sur les ponts des autos.

DÉBARQUEMENT DES AUTOMOBILES

Les conducteurs seront invités, en temps utile, à rejoindre leur voiture en vue du débarquement. Cette invitation leur sera faite par haut-parleur.

Afin de faciliter les opérations de débarquement et dans l'intérêt même des automobilistes, il est recommandé:
— au débarquement de préparer les pièces d'identité qui seront demandées à terre par les services de Police et de s'assurer que l'affichette verte ou rouge est bien apposée sur le pare-brise de la voiture. Les automobiles démunies de cette affichette seront systématiquement dirigées vers le couloir 'rouge'.

1. What must car passengers do with their luggage?
2. What must they do before leaving their vehicles?
3. What should car passengers make sure they take with them when leaving their vehicles?
4. What may you not do during the crossing?
5. What must you not do on the car decks?
6. How will drivers be told when to go back to their vehicles?
7. What should drivers have ready when disembarking?
8. What should drivers make sure they have put on their car windscreens?
9. What will happen if they fail to do this?

112

UNE JOURNEE GUIDEE A
LONDRES

220 F *sans carnet de change*

ENFANT : 195 F

*Journée comprenant
la visite guidée en autocar
de la capitale.*

Excursions les mardis, jeudis et samedis du 12/07 au 10/09
Excursion supplémentaire le lundi 15 août

Programme de la journée (en heures locales)

07 h.00	Votre accompagnateur vous accueille au Terminal des Car Ferry de Calais.
07 h.30	Départ pour Douvres.
07 h.45	Départ pour Londres, en autocar de luxe.
10 h.30	Arrivée à Londres, pour la relève de la Garde au Palais de Buckingham. En chemin visite commentée de la ville.
12 h.30	Déjeuner dans un restaurant typique,: 68 F. par personne (taxes et service inclus, boissons non comprises) à régler sur place à votre accompagnateur. Temps libre dans le centre-ville.
15 h.15	Suite de la visite guidée en autocar.
16 h.00	Arrivée à la Tour de Londres (entrée non comprise). Temps libre.
16 h.45	Retour vers Douvres par le même autocar.
21 h.45	Arrivée à Calais.

1. This advertisement offers a day-trip . . . to where?
2. How much would an adult expect to pay for the trip?
3. How much cheaper would it be for a child?
4. What is included in the price?
5. On which three days of the week do the trips run?
6. On which date will there be an extra trip?

7. At what time does the boat leave Calais?
8. How is the journey between Dover and London to be made?
9. What will tourists see when they arrive in London?
10. What happens at 12.30 p.m.?
11. What is not included in the price for this?
12. Where do tourists arrive at 4 p.m.?
13. When will the day-trippers be back in Calais?

TEST YOURSELF 19

Can you remember the meanings of these French words and phrases selected from items 108–112?

(a) notre tarif journalier

(b) un emplacement pour la tente

(c) libre-service

(d) un plat cuisiné

(e) les musées

(f) les bagages

(g) il est interdit de fumer

(h) entrée non comprise

(i) temps libre

(j) retour vers Douvres

Police File (2)

113

FOURRURES VOLÉES

Un camion qui transportait 90 vestes de fourrure valant 600.000 F a été dérobé dimanche dans une rue de Marseille.

Son chauffeur avait arrêté le véhicule pour demander son chemin en laissant la clé au contact.

1. What kind of vehicle was driven away?
2. What exactly was the vehicle transporting?
3. When was the vehicle stolen?
4. Why had the driver got out of the vehicle?
5. What had the driver done which enabled the vehicle to be driven away so easily?

114

Mystérieux 'enlèvement'

Disparition mystérieuse hier, à Soisy-sous-Montmorency (Val-d'Oise) où, sous les yeux de plusieurs témoins, une jeune femme a été 'enlevée' par deux hommes qui l'ont obligée à monter à bord d'une fourgonnette Peugeot grise. La scène, qui n'a duré que quelques instants, s'est passée peu avant midi. La jeune femme, mère de deux enfants, a été interceptée alors qu'elle sortait d'un super-marché.

L'alerte ayant immédiatement été donnée, des barrages routiers ont été établis dans tout le département du Val-d'Oise. En vain. Les ravisseurs n'ont pas été retrouvés. Néanmoins, l'un d'eux a pu être identifié. On suppose que cet 'enlèvement' n'est pas crapuleux. Il s'agirait plutôt d'une affaire de type familial ou sentimental.

1. When did this strange 'kidnap' occur? (Mention *two* points.)
2. Who was 'kidnapped'?
3. How many 'kidnappers' were there?
4. Describe the vehicle they used.
5. How long did the 'kidnap' last?
6. What was the young woman doing when she was 'kidnapped'?
7. What did the police do immediately?
8. Were the 'kidnappers' traced?
9. How do you think one of the 'kidnappers' was able to be identified?
10. What is thought to be the reason for the 'kidnap'?

115

Des automobilistes dévalisaient des auto-stoppeurs

Plusieurs auto-stoppeurs étrangers ont été attaqués et dévalisés hier et avant hier en Seine-et-Marne, par deux automobilistes qui leur ont volé leur argent.

Les auteurs présumés de ces agressions, deux jeunes Portugais, ont été appréhendés hier par la gendarmerie.

Entre samedi et dimanche les deux automobilistes ont pris successivement à bord de leur voiture, une 'Ford-Capri' rouge, quatre groupes d'auto-stoppeurs à la porte d'Italie (Paris 13ᵉ), pour les dévaliser, sous la menace de poignards, sur des routes de Seine-et-Marne.

Les victimes, des auto-stoppeurs, qui se sont faits connaître à la gendarmerie, sont deux jeunes Britanniques, dévalisés, près de Saint-Fargeau-Ponthierry (Seine-et-Marne), deux jeunes Allemandes, détroussées et abandonnées en forêt de Fontainebleau, deux auto-stoppeurs néerlandais, puis un auto-stoppeur français, attaqués respectivement près de Villiers-en-Bière, et Melun.

Une patrouille de gendarmes a retrouvé hier la 'Capri' rouge sur un parking de Melun. Deux jeunes Portugais, qui dormaient à bord, ont été interpellés, après qu'on eut découvert sur eux des devises françaises, allemandes et néerlandaises. Ils seront déférés aujourd'hui au parquet de Melun.

1. What have two motorists been doing?
2. What is the nationality of the thieves?
3. When were they caught?
4. When were the thefts carried out?
5. Describe the thieves' car.
6. With what were the thieves armed?
7. What were the nationalities of the people who were robbed? (Mention *four* points.)
8. Where was the thieves' vehicle eventually found?

9. What were the thieves doing when they were finally traced?
10. What did the thieves have with them when they were caught?

116

Les jeunes Yougoslaves fuyaient leur pays

Quatre garçons yougoslaves ont été arrêtés lundi par la police de Courtenay (Yonne), alors qu'ils se trouvaient à bord d'une voiture volée. Il s'agit de quatre adolescents qui avaient quitté Belgrade depuis le 15 février dernier. Ils sont tous mineurs.

Après leur arrivée en Italie, ils étaient passés en France le 18 février, à Menton. C'est dans cette ville qu'ils ont volé une voiture et dérobé de l'essence dans l'intention de se rendre à Paris.

1. When were these young men arrested?
2. Which country did they pass through on their way to France?
3. What two things did they steal in order to reach France?
4. When exactly had they left their own country?

117

Autocar suédois plastiqué à Ajaccio

Les cinquante vacanciers de Malmö (Suède) se souviendront longtemps de leur première nuit corse. Ils avaient débarqué le mercredi matin à Ajaccio, à bord de leur autocar flambant neuf. Soudain, vers 1 h 50, la nuit même, le véhicule s'est embrasé sous l'effet d'une violente explosion.

Il ne restait plus, quelques instants plus tard, qu'un tas de ferraille tordue. Les touristes suédois, dans leur hôtel situé avenue du Général-Leclerc, à quelques mètres, étaient réveillés en sursaut.

Ce n'est pas la première fois que des autocars de touristes étrangers sont plastiqués en Corse. Depuis le début de l'été, il s'agit du quatrième détruit à l'explosif.

1. From which country had the tourists arrived?
2. How many tourists were there?
3. When had they reached Ajaccio?
4. What was special about the coach they were travelling in?
5. Why were the tourists suddenly woken up at 1.50 in the morning?
6. How many similar incidents have already happened this summer?

118

TGV accidenté par un bloc de ciment

Samedi vers 15 heures dans la traversée de la forêt de Fontaine-bleau, un TGV Paris–Lyon a heurté une plaque de ciment d'une quarantaine de kilos. La motrice du TGV a été endom-magée, mais le train a pu continuer sa route jusqu'à la gare de Fontainebleau. Les 600 voyageurs ont été transportés par un autre TGV qui, vers 16 h 30, a pu partir vers Lyon avec l'ensemble des passagers. Cet incident n'a pas fait heureuse-ment de blessés. La police en-quête pour retrouver les incon-nus, peut-être des adolescents, qui ont placé cet obstacle sur la voie.

1. When did this incident take place? (Mention *two* points.)
2. What did the train strike?
3. Which part of the train was damaged?
4. What was the train able to do?
5. How long was it before the passengers were on their way again?
6. How many people were injured in this incident?
7. Who are the police now searching for?

119

GRANDE-BRETAGNE: ENCORE UNE GROSSE SAISIE DE CANNABIS

La brigade britannique des stupéfiants a saisi pour environ 2 millions de livres (20 millions de francs) de cannabis et une somme de 250.000 livres dans deux appartements de la capitale. La veille, une première opération policière avait permis la saisie d'une tonne et demie de cannabis dans un bateau au large de Talland Bay (côte sud des Cornouailles, au sud-ouest de l'Angleterre). Vingt-deux personnes, toutes de nationalité britannique, ont été arrêtées à la suite de ces deux saisies records.

1. What exactly has been found in the latest raid by the drugs squad? (Mention *two* points.)
2. Where were the items found?
3. When had the previous police operation taken place?
4. What was raided on that occasion?
5. What did the police find?
6. What has now happened as a result of these two successful raids?

TEST YOURSELF 20

Can you remember the meanings of these French words and phrases selected from items 113–119?

(a) la clé

(b) un enlèvement

(c) un supermarché

(d) des barrages routiers

(e) un auto-stoppeur

(f) l'essence

(g) flambant neuf

(h) la forêt

(i) les inconnus

(j) la voie

120

PIRATE DE L'AIR MANQUÉ

Un passager a essayé de détourner sur le Maroc un avion de la compagnie portugaise TAP qui assurait la liaison Lisbonne–Funchal (Madère). L'équipage a réussi à maîtriser le pirate de l'air qui ne brandissait qu'un pistolet en plastique. L'homme devait déclarer peu après qu'il était apatride, d'origine hongroise et que sa tentative de détournement était due à l'impossibilité dans laquelle il se trouvait de se rendre au Maroc comme il le désirait, faute d'avoir un passeport.

1. What did the passenger aboard the aircraft try to do?
2. Where did he want to go?
3. What was the nationality of the aircraft?
4. Who managed to overpower the passenger?
5. What weapon did the passenger possess?
6. Why did the passenger say he was unable to reach his desired destination any other way?

121

Un déséquilibré détourne un avion marocain

Un Boeing 727 de Royal Air Maroc a été détourné jeudi au-dessus de Malte alors qu'il assurait la liaison Athènes-Casablanca. Malgré l'interdiction des autorités tunisiennes, l'appareil s'est posé sur la piste de l'aéroport de Tunis-Carthage avec à son bord 66 passagers et neuf membres d'équipage.

Aussitôt, il fut cerné par des forces de police et des ambulances.

Peu après, tous les passagers étaient libérés, ainsi que l'équipage.

Le 'pirate de l'air', qui semble avoir agi seul, était armé d'un pistolet et d'une grenade, et réclamait du kérosène pour repartir vers une destination inconnue. Finalement, il s'est rendu dans la soirée. Il s'agirait d'un déséquilibré.

1. What was the nationality of this aircraft?
2. When was the aircraft hijacked?
3. Which island was the aircraft flying above when the hijack occurred?
4. What did the Tunisian authorities forbid the pilot to do?
5. How many people were on board the aircraft altogether?
6. What happened as soon as the aircraft landed? (Mention *two* points.)
7. With what was the hijacker armed? (Mention *two* points.)
8. What did the hijacker demand, and why?
9. When did the hijacker surrender?

122

DEUX GANGSTERS ARRÊTÉS PAR DES PASSANTS

Deux gangsters avaient attaqué jeudi à midi une bijouterie, 96, rue d'Alésia à Paris (14e). Armés d'un gros pistolet, ils avaient menacé le bijoutier, s'étaient fait ouvrir une vitrine et avaient dérobé des bagues et des montres d'une valeur de vingt mille francs. Mais en sortant de la boutique, ils s'étaient fait intercepter par des passants. Une bagarre a éclaté. Les deux voyous ont été maîtrisés et mis à la disposition des policiers.

1. When was this shop raided?
2. What *two* kinds of items were taken?
3. What happened as the raiders left the shop?
4. What was the result of this?

123

Hier, en début d'après-midi, un jeune étudiant a été blessé, boulevard Saint-Martin.

A quatorze heures dix un malfaiteur pénétrait, pistolet au poing, dans une bijouterie. Il paraissait surexcité et a tenté, sans y parvenir, d'ouvrir les vitrines du magasin.

A ce moment un jeune homme passait sur le boulevard, accompagné de sa fiancée. Il s'est élancé vers le malfaiteur.

Pour l'intimider ce dernier a tiré deux coups de feu dans le mur d'un magasin voisin. Malgré cela, la poursuite a continué.

Dans un passage donnant rue Meslay, le fuyard, sur le point d'être rejoint, s'est retourné tout à coup et presque à bout portant a tiré sur son poursuivant.

Atteint, le jeune homme, Jean-Paul Giaume, vingt-cinq ans, étudiant en droit, a été hospitalisé.

1. Who has been injured?
2. When did this happen? (Mention *two* points.)
3. What had happened at 2.10 p.m.?
4. What was this person brandishing?
5. What did he try unsuccessfully to do?
6. Who ran after the thief?
7. How did the thief try to intimidate him?
8. What happened in the narrow passageway leading to the rue Meslay?
9. Why do you think the thief reacted in the way he did at this time?
10. How old was the young man who chased the thief?
11. What happened to him?

124

L'explosion d'un camion de bouteilles de bière piégé a fait soixante-deux blessés, pour la plupart des femmes et des enfants, hier dans le centre de Belfast, capitale de l'Irlande du Nord. Huit des victimes sont dans un état grave.

Le camion avait été volé quelques heures plus tôt, dans le quartier catholique de Falls Road, et garé devant un magasin du centre. Plus de quatre kilos d'explosifs y avaient été placés par des terroristes qui ont pris la fuite quelques instants avant l'explosion, à l'heure du déjeuner.

La plupart des victimes faisaient leurs achats lorsque les vitrines ont volé en éclats à plusieurs centaines de mètres à la ronde.

1. What kind of vehicle was involved in this incident?
2. How many people were injured?
3. How many people were seriously injured?
4. How and where had the vehicle been acquired?
5. Where had the vehicle been parked?
6. Who placed explosives in the vehicle?
7. What quantity of explosives was involved?
8. At what time of day did the incident take place?
9. What were the majority of the victims doing at the time of the incident?
10. What damage, other than personal injury, was caused?

125

Deux enfants dans une voiture volée

Dimanche soir, vers 17 heures, une nouvelle parvenait aux gendarmes et aux policiers de Montélimar: une voiture venait d'être volée dans le centre-ville avec, à son bord, deux enfants âgés de sept mois et de deux ans et demi.

Leur mère, Mme Jean-Paul Neuf-Mars, a expliqué, bouleversée, qu'elle avait abandonné un bref moment sa Peugeot blanche, le temps de faire quelques courses, laissant à l'intérieur ses deux enfants Sandra et Marie-Thérèse. Sur le tableau de bord, la jeune femme avait laissé les clefs de la voiture. Quelques minutes plus tard, elle découvrait le drame: son véhicule et ses deux enfants avaient disparu ...

Aussitôt l'alerte était donnée et des barrages mis en place dans toute la région. Une note ronéotypée était distribuée aux automobilistes par les gendarmes, leur demandant de signaler le véhicule volé.

Aux environs de 19 heures, les gendarmes, qui avaient établi un barrage à Marsanne, un village situé à une vingtaine de kilomètres de Montélimar, voyaient soudain se diriger sur eux un véhicule correspondant à celui de Mme Neuf-Mars. Contraint de stopper, le conducteur n'opposait que peu de résistance. Dans la voiture, les deux enfants, sains et saufs.

L'homme était aussitôt appréhendé tandis que les enfants étaient ramenés au commissariat de police de Montélimar où ont eu lieu les retrouvailles avec leurs parents.

Après son arrestation, le voleur a été amené aussi à ce même commissariat.

1. When did the police first find out that a car had been stolen? (2 points)
2. Who was in the car when it was stolen? (2 points)
3. What make and colour was the vehicle?
4. Why had Mme Neuf-Mars left her car for a moment?
5. What had she left inside the car?
6. What did the police set up throughout the area?

7. What were other car-drivers given by the police?
8. Where exactly is Marsanne?
9. What did police see coming towards them at about 7 p.m.?
10. Where were the children taken?

TEST YOURSELF 21

Can you remember the meanings of these French words and phrases selected from items 120–125?

(*a*) détourner un avion

(*b*) le pirate de l'air

(*c*) un pistolet en plastique

(*d*) un déséquilibré

(*e*) une vitrine

(*f*) des bagues

(*g*) un voyou

(*h*) faire des courses

(*i*) le tableau de bord

(*j*) signaler un véhicule volé

SECTION TWELVE

News in Brief (3)

126

A ## Guerre des nerfs

B
CUBA
348 prisonniers libérés

C # Brésil : échec de la grève générale

D
Rome
Attentats contre deux ambassades

E
Beyrouth :
manifestation contre la faim

F
Un voleur de voiture
tué par un policier

G
TUNISIE
La police disperse
une manifestation

H
Afrique du Sud :
début des négociations
sur la violence

I DÉSARMEMENT
Progrès sur les armes chimiques

J CORÉE DU SUD
Violentes manifestations

K # Étrange meurtre d'un vacancier

L AFRIQUE DU SUD
**Renforcement de la censure
de la presse**

M   **ESPIONNAGE :**
                 Un diplomate
                 soviétique
                 expulsé de Suisse

N   *Le Pape arrivera jeudi à Miami pour une visite de dix jours aux États-Unis*

A1.   What kind of war is being waged?

B2.   What has happened to the Cuban prisoners?

C3.   What has failed in Brazil?

D4.   What were the targets of two attacks in Rome?

E5.   What were demonstrators protesting about in Beirut?

F6.   Who has been killed by a policeman?

G7.   What happened to the demonstration in Tunisia?

H8.   What is happening in South Africa?

I9.   What in particular is being discussed at the disarmament conference?

J10.   What is taking place in South Korea?

K11.   Who has been murdered in strange circumstances?

L12.   What is being stepped up in South Africa?

M13.   Who has been expelled?

M14.   From which country?

M15.   Why?

N16.   When will the Pope arrive in Miami?

N17.   How long will he stay in the USA?

127

Read these news headlines carefully, and then try to answer the questions which follow.

1 **RFA: sabotage contre une base militaire de l'OTAN**

2 **1,2 million de travailleurs étrangers en France**

3 **Zaïre: 125 morts dans une catastrophe ferroviaire**

4 **Deux importantes saisies de drogue à Marseille et en Corse**

5 **Faiblesse continue du dollar**

6 **En deux ans le nombre des squatters à Paris serait passé de 200 à 3.500**

7 **Le maire de Paris veut contrôler l'immigration**

The question numbers correspond to the news headline numbers above.

1. What has been sabotaged, and where?
2. France has 1·2 million . . . what?
3. How have 125 people been killed?
4. What has been seized?
5. What is weak at the moment?
6. What has increased in Paris?
7. What does the mayor of Paris want to do?

128

URSS:
**un million
de conducteurs ivres**

Un million de conducteurs sovié-
tiques ont été arrêtés en état
d'ivresse l'année dernière a révélé
hier le ministère de l'Intérieur
d'URSS, en prélude au lance-
ment d'une campagne contre
l'alcoolisme.

1. Why were a million drivers stopped by Russian police?
2. What is now going to be done about the situation?

129

These are the subject headings in the classified-advertisements section of a French newspaper. Can you match each one with its English equivalent?

1 Animaux
2 Antiquités
3 Bateaux
4 Bibliophilie
5 Bijoux
6 Bonnes adresses
7 Décoration
8 Déménagement
9 Enseignement
10 Loisirs

A Painting and decorating
B Useful addresses
C Jewellery
D Tuition
E Boats
F Animals
G Leisure
H Antiques
I Removal services
J Book collecting

130

BERLIN-OUEST

AFFRONTEMENTS POLICE-SQUATTERS: 70 POLICIERS BLESSÉS

Depuis l'arrestation lundi dernier d'un grand nombre de squatters par la police, les heurts entre forces de l'ordre et squatters n'ont pas cessé à Berlin–Ouest. Dans la nuit de jeudi à vendredi, au cours de violents affrontements, plus de soixante-dix policiers ont été blessés et cinquante-cinq manifestants appréhendés.

1. What happened last Monday and is believed to have sparked off the present disturbances?
2. When did the latest serious incidents occur?
3. How many policemen were injured?
4. What happened to fifty-five demonstrators?

131

Here are some more subject headings from the classified-advertisements section of a French newspaper. Can you match each one with its English equivalent?

1 Meubles
2 Mode
3 Musique
4 Occasions
5 Perdu – trouvé
6 SOS service
7 Troisième âge
8 Vacances offres
9 Voyages
10 Immobilier

A Lost and found
B Travel
C Emergency services
D Holiday accommodation
E Furnishings
F Music
G Property
H Fashion
I Second-hand goods
J Accommodation for the elderly

132

ÉVASION DE CINQ EST-ALLEMANDS

Cinq Allemands de l'Est, deux couples et une petite fille, ont réussi à fuir leur pays en direction du Danemark après quatorze heures de traversée, dans les eaux houleuses de la mer Baltique, à bord de deux kayaks reliés par une corde et seulement dotés d'un moteur de faible puissance. Les fugitifs ont été, à leur demande, conduits en République fédérale d'Allemagne.

1. From which country have the five people escaped?
2. How long did it take them?
3. How did they travel?
4. How did they manage to keep together?
5. To which country were the five eventually taken?

133

Il téléphonait en Syrie sans payer depuis une cabine

Un ressortissant syrien a été surpris en flagrant délit ce week-end alors qu'il téléphonait gratuitement en Syrie depuis une cabine de Belleville-sur-Saône (Rhône).

La cabine était sous surveillance depuis une semaine.

Ziad Alhamoui a reconnu les faits. Il a admis qu'il téléphonait régulièrement depuis plusieurs mois à sa famille à Damas. Il a ensuite livré aux enquêteurs le secret de sa méthode.

1. When was the man caught red-handed?
2. What was his crime?
3. For how long had the kiosk been watched?
4. For how long did he admit that he had carried out these frauds?
5. What did he tell the investigators?

134

RFA:
hooligans britanniques
contre supporters allemands

Quarante-six supporters allemands et hooligans britanniques ont été arrêtés mercredi soir à l'issue de violentes bagarres qui ont éclaté après un match de football Allemagne-Angleterre à Düsseldorf (ouest de la RFA).

Deux policiers ont été blessés, dont l'un grièvement. Les supporters anglais, furieux de la perte de leur équipe, 3 à 1, ont essayé d'allumer un incendie sur un parking. Des Allemands ont alors lancé des pierres sur un de leurs autobus.

Vers minuit, des échauffourées ont eu lieu, cette fois dans le centre-ville.

Certains des supporters arrêtés, a indiqué la police, portaient des couteaux et des pistolets.

1. How many people were arrested by the police?
2. When were they arrested?
3. Which two countries were playing in the football match?
4. How many police officers were injured?
5. Why were the visiting supporters angry?
6. What did they try to do in a car-park?
7. How did the home fans respond?
8. Where did trouble next break out?
9. At what time was this?
10. What did the police say about some of the supporters they arrested?

135

Violent séisme
en Californie

La Californie du Sud a subi hier matin un tremblement de terre.

Le séisme a fait au moins un mort et a provoqué de sérieux dommages dans la région. Affolées, des dizaines de milliers de personnes se sont précipitées dans les rues de Hollywood, où elles campaient plusieurs heures plus tard.

Plusieurs incendies ont éclaté. Des personnes ont été emprisonnées dans des ascenseurs d'immeubles du centre commercial de Los Angeles. Des quartiers entiers sont privés d'électricité, dont cent mille personnes dans la vallée de San Fernando, qui dépendent fortement de la climatisation pour rendre supportable une température anormale pour la saison.

Le parking de Cal State University à Long Beach s'est effondré comme un soufflé.

1. What natural disaster is being reported here?
2. Which part of California was affected?
3. How many people ran into the streets?
4. What were they doing several hours later?
5. Where were some people trapped?
6. What have some parts of the city been deprived of?
7. What do inhabitants of the San Fernando Valley rely on, and why?
8. What happened to the car-park at Cal State University?

TEST YOURSELF 22

Can you remember the meanings of these French words and phrases selected from items 126–135?

(a) une guerre des nerfs

(b) la grève générale

(c) les armes chimiques

(d) une catastrophe ferroviaire

(e) en état d'ivresse

(f) des animaux

(g) des heurts

(h) la mode

(i) les meubles

(j) une évasion

(k) surprisenflagrantdélit

(l) des bagarres

(m) allumer un incendie

(n) des couteaux

(o) la climatisation

Accident Reports (2)

136

UN TRAIN QUITTE LES RAILS: UN BLESSÉ

Un train de banlieue, qui entrait en gare Saint-Lazare à Paris, hier vers 13 h 30, a quitté les rails et heurté le butoir avant de monter sur le quai, blessant une personne. L'accident, vraisemblablement dû à une défaillance technique, s'est produit sur la voie n° 2.

1. Where exactly did this accident occur?
2. When did the accident take place?
3. What *two* things did the train do after leaving the rails?
4. How many people were injured?
5. What was the cause of the accident?
6. On which line did the accident occur?

137

Neuf personnes ont été tuées dans le carambolage de huit cents voitures sur l'autoroute Milan– Venise en Italie. Le brouillard est à l'origine de cet accident. La visibilité était réduite à cinq mètres.

1. How many people were killed in this motorway accident?
2. How many vehicles were involved?
3. In which country did the crash occur?
4. What was the weather like?
5. What was the visibility at the time of the crash?

138

Déraillement hier soir en gare des Invalides. Trois voitures du train de Versailles ont quitté la voie à la suite d'une erreur d'aiguillage vers dix-sept heures. On ne déplore pas de victimes. Le trafic entre Invalides et Boulevard Victor a été interrompu jusqu'à vingt-deux heures.

1. When did this rail accident take place?
2. How many coaches left the rails?
3. How many people were injured?
4. What was the cause of the accident?
5. For how many hours was rail traffic disrupted?

139

ESPAGNE:
trente-cinq morts
dans un accident
d'autocar

Trente-cinq retraités espagnols ont péri vendredi dans un autocar qui a fait une chute dans un ravin, dans une région montagneuse, à proximité de Monterrey (province d'Orense, nord-ouest de l'Espagne), selon un bilan officiel.

Onze autres personnes ont été grièvement blessées.

L'accident s'est produit en début d'après-midi sur une route abrupte, vraisemblablement en raison d'une défaillance mécanique.

1. Of what nationality were the victims of this crash?
2. When was the accident?
3. What happened to the coach?
4. What is believed to be the cause of the crash?
5. What kind of road was the coach travelling along?

140

Un Boeing s'écrase à Ankara: 30 morts

Trente morts et vingt blessés, c'est le premier bilan de l'accident survenu dimanche soir sur l'aéroport d'Ankara où un Boeing 727 des lignes aériennes turques s'est écrasé à l'atterrissage. L'appareil, qui assurait la liaison Paris-Tripoli-Istanbul-Ankara, a pris feu en début de piste après avoir manqué son atterrissage en raison d'une tempête de neige.

Selon les premières informations, il y avait au moins une soixantaine de personnes à bord.

1. When exactly did this air crash take place?
2. What was the aircraft trying to do at the time?
3. What happened to the aircraft?
4. What were the weather conditions at the time of the accident?
5. How many people were believed to be on board the aircraft?

FIND THE WORDS

Find the French words for:
(a) injured
(b) airport
(c) runway
(d) at least
(e) on board

201

141

UN AVION DE LIGNE CANADIEN QUITTE LA PISTE: 3 MORTS, 50 BLESSÉS

Un 'DC 9' de la compagnie Air Canada a quitté la piste, hier, au moment où il s'apprêtait à décoller de l'aéroport international de Toronto. L'avion, qui venait d'Ottawa, devait gagner Winnipeg. Il transportait cent deux personnes. L'un des moteurs est brutalement tombé en panne et le pilote n'a pu arrêter l'appareil sur la piste. Trois personnes ont été tuées, cinquante blessées.

1. What was this aircraft trying to do when the crash occurred?
2. Where had the plane flown from?
3. Where was it bound for?
4. In which city was the crash?
5. How many people were on board?
6. What was the cause of the accident?
7. What was the pilot unable to do?

142

CARAMBOLAGE DE QUARANTE VÉHICULES PRÈS DE NANCY

Quatre blessés et des dégâts matériels considérables qui ne sont pas chiffrés: c'est le bilan d'une collision en chaîne qui s'est produite, hier matin, sur l'autoroute A 83 Nancy-Lunéville, à la hauteur de Houdemont. Le carambolage a affecté trente-huit voitures et deux poids lourds. C'est un automobiliste, en freinant brutalement alors qu'il abordait une nappe de brouillard, qui a provoqué le spectaculaire accident.

1. How many people were injured in this motorway accident?
2. When was the crash?
3. How many vehicles were involved altogether?
4. What were the weather conditions?
5. What had a car driver done which caused the crash?

TEST YOURSELF 23

Can you remember the meanings of these French words and phrases selected from items 136–142?

(a) un train de banlieue
(b) heurter le butoir
(c) le quai
(d) une erreur d'aiguillage
(e) un retraité

(f) une tempête de neige
(g) tomber en panne
(h) une collision en chaîne
(i) le carambolage
(j) un poids lourd

SECTION FOURTEEN

Eating Out

143

Diapason
restaurant

30, RUE DES BERNARDINS · PARIS 5ᵉ
TÉL. : 43 54 21 13 · Mᵒ Maubert
FERMÉ : SAMEDI DÉJEUNER (OUVERT LE SOIR)
ET DIMANCHE TOUTE LA JOURNÉE

At what times is this restaurant closed?

144

RESTAURANT DE LYON

Menu du 17 juin

Potage du jour	12.50 F
Bière	12.00
Eaux minérales	3.70
Saucisson à l'ail	12.80
Pâté de lapin	14.20
Pâté de porc	14.50
Salade de concombre	12.20
Salade de tomates	12.00
Champignons à la grecque	13.20
Biftek frites	19.50
Côtelettes de veau	18.50
Steak au poivre	21.50
Sole meunière	19.50
Saumon fumé	18.00
Pommes frites	12.40
Petits pois	12.20
Haricots verts	13.50
Poulet chasseur	19.00
Canard à l'orange	22.50
Omelette au fromage	14.50
Omelette au jambon	15.10
Camembert, Brie, Roquefort, Munster	14.20
Glace	8.50
Ananas	9.20

Service non compris: laissé à l'appréciation de la clientèle

1. For which date has this menu been issued?
2. How much is the soup of the day?
3. Which is dearer: beer or mineral water?

4. What two kinds of pâté are offered?
5. Which kinds of salad could you have, and which is the dearer?
6. What kind of meat costs 18F 50?
7. Which fish dish costs 18F?
8. Which costs the most: chips, beans or peas?
9. What two kinds of omelette could you ask for?
10. How many different kinds of cheese are there?
11. Which dessert costs 8F 50?
12. How much does the pineapple dessert cost?
13. What does the menu tell you about the service charge?

145

RESTAURANT SCOLAIRE

Menus pour la semaine du 2 au 6 mars

Lundi 2 mars
Crudités
Escalope
Pois
Carottes
Fromage
Fruits

Mardi 3 mars
Demi oeuf sur salade
Filet d'agneau
Haricots
Fromage
Fruits

Jeudi 5 mars
Crudités
Saumonette
Gratin dauphinois
Fromage
Figues

Vendredi 6 mars
Potage
Langue
Purée
Salade
Yaourt

Look at the school menus and then try to answer these questions.

1. On how many days of the week is the school restaurant open?
2. On how many days is cheese being served this week?

3. What vegetables are being served on Monday?
4. What is served on salad on Tuesday?
5. Which vegetables are served on Tuesday?
6. On which day is soup the first course?
7. On which day does yoghurt complete the meal?

146

DINERS

RIVE DROITE

#	Restaurant	Phone	Description
1	LE POTAGER DES HALLES 15, rue du Cygne, 1er	296-83-30	Dans un décor 1930, bar américain, salon et bar au 1er étage. Cuisine traditionnelle. Ouvert de 12 h à 2 h du matin. Ambiance musicale.
2	INDRA 10, rue du Commandant-Rivière, 8e.	359-36-72/359-46-40.	GASTRONOMIE INDIENNE. La cuisine des Maharadjahs à Paris dans un décor authentique. AGRÉÉ par le MINISTÈRE DU TOURISME INDIEN. P.M.R. 120 F. Salle pour réception, cocktail, mariage. Fermé le dimanche.
3	COPENHAGUE 142, Champs-Élysées, 8e	359-20-41 F/dim.	De midi à 22 h 30. Spécialités DANOISES ET SCANDINAVES, hors-d'œuvre danois, festival de saumon, MIGNON DE RENNE, CANARD SALÉ.
4	RELAIS BELLMAN 37, rue François-Ier, 8e	723-54-42 F/S.s-D.	Jusq. 22 h. Cadre élégant et confortable, salle climatisée. Cuisine française traditionnelle. Sole aux courgettes. CÔTE DE BŒUF. Soufflé glacé au chocolat.
5	CHEZ DIEP 22, rue de Ponthieu, 8e	256-23-96	Nouvelles spécialités thaïlandaises, dans le quartier des Champs-Elysées.Gastronomie chinoise, vietnamienne. P.M.R. : 90 F.
6	TY COZ 35, rue Saint-Georges, 9e	F/dim., lundi 878-42-95	J. 23 h. Jacqueline et Marie-Françoise vous attendent pour vos déjeuners et dîners dans un cadre breton, POISSONS, FRUITS DE MER, CRUSTACÉS. CRÊPES et GALETTES.
7	AUB. DE RIQUEWIHR 12, rue du Fg-Montmartre, 9e.	770-62-39 Ts.l.jrs	De 12 h à 2 h du matin. SPÉCIALITÉS ALSACIENNES. Vins d'Alsace. Sa CARTE DES DESSERTS. Salons de 20 à 80 couverts.
8	AU PETIT RICHE 25, rue Le Peletier, 9e	770-68-68, 770-86-50 F. Dim.	Son étonnant MENU à 95 F, serv. compris. Ses vins de Loire. Décor centenaire authentique. Salons de 6 à 50 pers. Déj., Dîn.-Soupers de 19 h à 0 h 15. Park. Drouot.
9	LE LOUIS XIV 8, bd St-Denis, 10e	208-56-56/200-19-90 F. lundi/mardi.	Déjeuner, Dîner, SOUPER APRÈS MINUIT. Huîtres, Fruits de mer, Crustacés, Rôtisserie, Gibiers, Salons, Parking privé assuré par voiturier.
10	PALAIS DU TROCADÉRO 7, avenue d'Eylau, 16e	727-05-02 Tous les jours	Gastronomie chinoise raffinée et traditionnelle, dans un décor feutré. Cuisine faite par le patron. Air conditionné.
11	LE SAINT-SIMON 116, bd Pereire, 17e	380-88-68 F. sam. midi-dim.	Ses spécialités de poissons. MENU à 110 F, s.n.c.et CARTE. Propriétaire et chef de cuisine B. FERRAGU. Parking, 210, rue de Courcelles.
12	EL PICADOR 80, bd des Batignolles, 17e	F/lundi-mardi. 387-28-87	Déjeuner, dîner, jusqu'à 22 heures. Spécialités espagnoles : zarzuela, gambas, bacalao, calamares tinta. P.M.R. 120 F. Salons pour banquets.
13	LE GUILLAUME TELL 111, av. de Villiers, 17e	622-28-72 F. sam. et dim.	Spécialités de POISSONS et CRUSTACÉS. Sa fameuse BOUILLABAISSE et BOURRIDE. TERRASSE D'ÉTÉ. Cartes crédit. Park., 210, rue de Courcelles.
14	LE VERGER DE MONTMARTRE 37, r. Lamarck, 18e	252-12-70 F/sam. midi et dim.	Nouvelle carte. Cuisine évolutive. Parmi les spécialités : Ris de veau aux câpres, Jambonnette de volaille farcie aux truffes. Crus originaux sélectionnés.
15	CHEZ GEORGES Porte Maillot, 273, bd Pereire	574-31-00 F/sam.	Maison cinquantenaire. L'on vous reçoit jusqu'à 23 h. Ses plats cuisinés à l'ancienne, tranchés et servis devant vous. Gigot, train de côtes et ses vins de propriétaires.
16	L'ORÉE DU BOIS Pte Maillot, bois de Boulogne	747-92-50 Ts.l.jrs	Déjeuners d'affaires. Dîner-spectacle dansant, jeudi, vendr., sam., menu 220 F. Orch. animé par Carlo NÉLL. Sal. p. récept. 10 à 800 pers. Park. ass.

This is an advertisement for some of the most popular restaurants in Paris. Each restaurant has a number by the side of it. Write down the number of the restaurant (or restaurants) which will answer each question. The first one has been completed already to start you off.

Can you find . . .

(a) an Indian restaurant? __2__

(b) a Spanish restaurant? ____

(c) a restaurant serving Scandinavian food? ____

(d) two restaurants which are open until 2 a.m.? ____ ____

(e) two restaurants with air-conditioning? ____ ____

(f) two restaurants offering musical entertainment? ____ ____

(g) three restaurants offering seafood? ____ ____ ____

(h) which restaurants we know are open every
     day? ____ ____ ____ ____

Restaurant La GOULETTE

Ouvert midi et soir (même le dimanche)
jusqu'après les spectacles

Menu touristique 65F service compris

Potage du jour
Charcuterie
Salade de tomates

Côtelette de porc
Boeuf bourguignon
Sole meunière avec frites

Fruit
Fromage
Glace

Boissons en sus

You go into this restaurant with a friend who does not speak French and so needs some help with understanding the menu. Answer your friend's questions by saying YES, NO, or I'M NOT SURE, I'LL ASK!

These are your friend's questions . . .

1. Can I have soup?
2. Is there tomato soup?
3. Is the *boeuf bourguignon* a lamb dish?

4. Do they serve pork?
5. Is there any fish on this menu?
6. Do they serve chips here?
7. Can I have a strawberry ice-cream?
8. Are drinks included in the price?
9. Is the service charge included?
10. Is this restaurant open on Sunday nights?

148

A

B

C

D

216

E

restaurant
Diapason
30, rue des Bernardins
Tél. : 43 54 21 13
75005 PARIS
Fermé le samedi midi
et dimanche toute la journée

F

La Fermette
Marbeuf 1900
**OUVERT TOUT L'ETE
MEME
LE DIMANCHE**
5, RUE MARBEUF 75008 PARIS
47.20.63.53 - 47.23.31.31

G

spécialités du Sud-Ouest
menu à partir de 109 F s.c.
a bedaine
11, rue de l'Etoile 17° - Tél. : 40.80.42.58 (ouvert tout l'été jusqu'à 23 h)

217

K

restaurant
LE BEUDANT
97, rue des Dames
75017 Paris. 43.87.11.20
Salle climatisée
ouverte tout l'été

A1. What kind of dishes does La Ménara specialize in?

A2. Is La Ménara open on Sundays?

B3. What kind of food does Charlot offer?

B4. At what time does Charlot close?

c5. Explain what is offered for 75F at the Yildizlar.

D6. What kind of food is offered at the Simplon?

D7. Where might you have been before going to the Simplon, according to the advertisement?

E8. When is the Diapason shut?

F9. When is La Fermette open, according to the advertisement?

G10. What kind of cooking would you find at Ma Bedaine?

G11. Is service included in its 109F menu?

H12. What does the Bequet specialize in?

I13. When is the Parshibi closed?

J14. In which rather unusual place would you find the Jules Verne restaurant?

K15. What would make dining at Le Beudant more pleasant?

FIND THE WORDS

Find the French words for:

(a) specialities
(b) every day
(c) even on Sundays
(d) until 1 a.m.
(e) business lunches
(f) choice of starter
(g) service included
(h) every evening
(i) each Thursday
(j) open all summer
(k) open in July
(l) meals from 205F

149

1. What is happening on 5 May?
2. The restaurant is situated in the Allée de la Liberté. Where will this be found?
3. What *five* items are included in the 50F menu?
4. Does the 50F include a service charge?

Can you remember the meanings of these French words and phrases selected from items 143–149?

(a) samedi déjeuner
(b) le potage du jour
(c) un biftek
(d) le saumon fumé
(e) le canard

(f) service non compris
(g) un yaourt
(h) boissons en sus
(i) ouvert tout l'été
(j) menu à partir de 109F s.c.

Holidays and Leisure (3)

150

Club Loisirs

vous propose
chaque semaine
un weekend à Londres en car

Départ de Paris le vendredi soir
Retour le lundi matin à 6 heures
Tél.: 379–09–93.

1. To which city is this club offering travel?
2. How will the journey be made?
3. How long will the tourists spend there?
4. How often do these holiday breaks take place?
5. On which day of the week do the tourists leave Paris?
6. When exactly do they return?

151

Les Bartavelles, 74220 La Clusaz
Altitude 1.200 mètres
Séjour de Noël, Mardi-Gras et Pâques
Voyage accompagné de Paris à Paris
A Pâques, piscine privée
Tél.: (50) 02–24–06.

1. In what kind of area is this holiday resort?
2. At which *three* times of the year is travel there offered?
3. What do you understand by the term *voyage accompagné*?
4. At what time of year is an extra facility available, and what is it?

152

1

2

3

Which of these hotels . . .

(*a*) are new?
(*b*) have a sea view?
(*c*) have a heated swimming-pool?
(*d*) is surrounded by gardens and hills?
(*e*) is not in or near Deauville?
(*f*) mention free car-parking?
(*g*) closes in November?
(*h*) has tennis-courts?
(*i*) is near golf-courses?
(*j*) has a four-star rating?

153

1. At what time of year is this holiday?
2. On which date would you leave?
3. On which date would you return?
4. In which city would you stay?
5. For the price of 1,220F, what kind of accommodation would you expect?
6. How will the journey be made?
7. What kind of hotel would you stay in?
8. Would all your meals be included in the price?
9. List the *five* major items included in the price of the visit.

154

**Les pieds dans l'eau
le corps doré par le soleil
la tête à l'ombre des pins**

Situation unique sur la plage au bord de l'un des plus beaux golfes du monde, dans une ambiance de club, amicale et joyeuse.
2 semaines de vacances à **Calvi** en **Corse**, de Paris par avion, tout compris à partir de **1790 F** (ou **1590 F** de Marseille).
Bungalows - restaurant sous les pins - cuisine gastronomique - sports - animation.

CLUB OLYMPIQUE
3, rue de l'Echelle 75001 Paris
tél. 260 31 62

demande de documentation

Nom
Adresse
C.P.
F. 3

Licence Etat 435

1. On this holiday, according to the advertisement, your feet will be . . . where?
2. Your body will be . . . what?
3. And your head will be . . . where?
4. How near is the holiday centre to the sea? Explain your answer.
5. Does the advertisement say that there is a golf-course near by?
6. How long could you stay in Calvi for, according to the advertisement?
7. How would you travel there?
8. How much is the price reduced by if you travel from Marseilles?
9. Where is the club restaurant situated?
10. What kind of accommodation would you be given?

155

Vacances en montagne

à 20 mn de Genève

Détente à 1.000 m d'altitude en bordure de forêt.
Vue panoramique sur la vallée

Grillades au feu de bois, foie gras frais maison, pain fait maison, etc.

HOTEL RESTAURANT LE JORAT
propriétaire: Christian Schreiber

Bogève, 74250 Viuz-en-Sallaz Réservations (50) 36-61-15

1. In what kind of area would you be if you went on this holiday?
2. How near would you be to Geneva?
3. What would you have a splendid view of?
4. What would you be on the edge of?
5. What method of preparing food is mentioned in the advertisement?
6. What other *two* kinds of food are mentioned?

TEST YOURSELF 25

Can you remember the meanings of these French words and phrases selected from items 150–155?

(*a*) un weekend à Londres
    en car
(*b*) une piscine privée
(*c*) insonorisé
(*d*) une piscine chauffée
(*e*) Pentecôte

(*f*) pension complète
(*g*) place du Marché
(*h*) la cuisine
(*i*) vacances en montagne
(*j*) pain fait maison

SPECIAL
SEPTEMBRE / OCTOBRE
à CANNES

FORFAIT MARTINEZ

490 F.*
S.C.
la nuit

Séjour : minimum 2 nuits

Comprenant :

LE PETIT DEJEUNER CONTINENTAL
•
TENNIS GRATUIT
sur les cours privés de l'hôtel
•
MATELAS et PARASOLS GRATUITS
sur la plage privée
•

* Prix par personne
en chambre double
Chambre individuelle 750 F. s.c.

Hôtel Martinez
★★★★ LUXE

Tél. : 93 68 91 91

73, La Croisette - 06406 Cannes Cedex
Tél. Paris : 47 58 12 25

N° VERT 05.05.00.11

1. What is the official star-rating of this hotel?
2. During which months is a special offer available?
3. Is a service charge included in the cost of 490F per night?
4. How much must you pay if you require a single room?
5. For how many nights must you stay in order to qualify for these special rates?
6. What *five* things are included in the price, according to this advertisement?

157

===A CANNES...===

Entre la Croisette et la rue d'Antibes

HOTEL GRAY D'ALBION

★ ★ ★ ★ LUXE

Vous propose en Août et Septembre
son "FORFAIT AZUR"

Supplément chambre individuelle 220 Frs par nuit.

1410 Frs **3 NUITS**
tsc
pour
minimum

Par personne en chambre double*
Avec Petit déjeuner Continental.
La bouteille de Champagne à votre arrivée
Le matelas à la plage privée.

C.I.S. Cannes - 93 39 89 00

HOTEL GRAY D'ALBION
38, rue des Serbes 06400 CANNES · Tél.: 93 68 54 54

1. What is the official rating of this hotel?
2. In which months is the hotel offering a special price to clients?
3. Is a service charge included in the price of 1,410F for three nights?
4. What *three* things are included in this price, apart from overnight accommodation?
5. What kind of room would you be given under the terms of this special offer?
6. Calculate how much you would pay to stay at this hotel for three nights during these months, if you required a single room.

158

NEW-YORK

week-end du 11 novembre
avec accompagnateur français

— Départ Orly : vendredi 11 à 12 heures
— Retour Orly : mardi 15 à 9 h 10

2.050F (par personne
en chambre double)

Comprenant : Transport vol direct Cie PANAM
Transferts
Logement hôtel SUMMIT (1re cat.)
Petits déjeuners continentaux
**Visite guidée de New-York
en français**
Assurance annulation

INSCRIPTIONS :

MONCEAU VOYAGES

PARIS 75017, 83 bis, rue de Courcelles. Tél. : 766.03.00
LE VESINET 78110, 11, place du Marché. Tél. : 976.50.39
Lic A 536

1. On which weekday does this trip leave?
2. On which weekday will travellers return?
3. What will be the cost of the holiday for *two* adults sharing
   a double room?
4. Who will accompany the holiday-makers on this visit?
5. Which of the following are *not* included in the price?
   (*a*) the sea crossing to the USA
   (*b*) travel to New York
   (*c*) return flight to Paris
   (*d*) travel from the airport to the hotel
   (*e*) accommodation in Paris
   (*f*) all lunches

(*g*) a guided tour of New York
(*h*) insurance
(*i*) evening meals

159

Look at this advertisement for holiday accommodation.

Alpe-d'Huez	Chalet 7-9 lits, toutes périodes, sauf 25/2 au 4/3. Lave-vaisselle, T V. (54) 77–31–62.
Argentière	Studio, vue Mont Blanc, trois lits, tout confort. 071–17–49.
Deux-Alpes	Beau studio, quatre personnes, tout confort, 15 au 22 janvier. 600F tout compris. 296–23–34.
Hautes-Alpes	Appartements avec balcon, toutes périodes jusqu'au 11 février et à partir 4 mars. 757–00–29.
Megève	Beau chalet, 8-10 personnes, tout confort, proximité des pistes. 504–96–34.
Meribel-les-Allues	Ravissant chalet pour cinq ou six personnes, libre de janvier à fin février. 033–29–18.
Cannes	A louer jusqu'au 30 juin, appartement tout confort. Tél.: 970–20–95.
Corse	Sud-est. Villas près plage. Mai à octobre. 3.000 à 8.000F. 374–02–89.

1. On which of these dates could you *not* stay in Alpe-d'Huez?
   (a) 8 February, (b) 26 February, (c) 1 March, (d) 6 March, (e) 25 March.
2. Which *two* amenities does the Alpe-d'Huez accommodation have?
3. Which accommodation would best suit a group of four people: that at Argentière, Deux-Alpes or Megève?
4. Would the Hautes-Alpes accommodation be available from 4–11 March?
5. What is the Megève accommodation near to?
6. Would the Meribel chalet be free for the month of February?
7. In which of these months would the Corsican villas be free?
   (a) April, (b) June, (c) August, (d) September, (e) November.

160

Hoverspeed: l'autoroute vers l'Angleterre.

BOULOGNE – DOUVRES ou CALAIS – DOUVRES: 35 MINUTES

Les aeroglisseurs Hoverspeed offrent aux automobilistes et aux passagers sans voiture le service le plus rapide pour traverser la Manche.
Calais – Douvres ou Boulogne – Douvres en 35 minutes environ. Plus besoin d'attendre des heures pour embarquer ou debarquer, les formalites sont vite expediées. A bord des aéroglisseurs Hoverspeed, vous trouverez un service exemplaire digne des meilleures compagnies aeriennes avec des hôtesses qui vous apportent des rafraichissements et des produits detaxes . . . tous ces avantages sans supplement de prix.

1. How long does it take the hovercraft to cross the Channel?
2. If you travel this way, you will not need to spend hours doing what?
3. On board the hovercraft you will find the kind of service and attention normally found where?
4. What *two* kinds of items can be brought to you on board the hovercraft?

FIND THE WORDS

Find the French words for:

(a) motorway
(b) car drivers
(c) passengers
(d) fast
(e) to cross

(f) the Channel
(g) hostesses
(h) price increase
(i) England
(j) car

TEST YOURSELF 26

Can you remember the meanings of these French words and phrases selected from items 156–160?

(a) un parasol
(b) une bouteille de champagne
(c) un accompagnateur français
(d) le logement

(e) le lave-vaisselle
(f) tout compris
(g) proximité des pistes
(h) un aéroglisseur
(i) des rafraîchissements
(j) des produits détaxés

Weather News (2)

161

Read carefully the following weather headlines.

1 **Beaucoup d'orages dans le sud, soleil ailleurs**

2 **Température en baisse dans le nord**

3 **Pluies à l'ouest, ailleurs week-end ensoleillé**

4 **Médiocre et frais**

5 **Frais, pluies ou averses**

6 **Pluies aujourd'hui, éclaircies demain**

7 **Inondations en Espagne**

8 **Soleil au nord-ouest**

9 **Chaud et orages**

10 **Beau temps mais orages près de la Méditerranée**

Give the number of the weather headline which tells of:

(a) hot, stormy weather
(b) rain in the west, but a sunny weekend elsewhere
(c) lower temperature in the north
(d) lots of storms in the south, but sun elsewhere
(e) sun in the north-west

(f) rain today, but sunny periods tomorrow
(g) floods in Spain
(h) cool, indifferent weather
(i) fine but stormy weather at times near the Mediterranean
(j) cool weather with rain or showers

162

NOUVELLES INONDATIONS DANS LE SUD-EST

De violents orages se sont abattus sur le département du Gard où certaines localités sont privées d'électricité et de téléphone. D'autres, comme Saint-Giles, sont menacées d'isolement, l'eau continuant à monter. Les habitants se tiennent prêts à quitter leurs demeures en cas de nécessité.

1. What kind of weather is the south-east of France having at the moment?
2. What have certain areas been deprived of? (Mention *two* points.)
3. What could happen to Saint-Giles?
4. What would be the cause of this happening?
5. What are the inhabitants preparing to do?

163

INONDATIONS EN TUNISIE: 64 MORTS AU MOINS

Inondations catastrophiques en Tunisie: les pluies torrentielles qui se sont abattues sans interruption le week-end dernier sur la majeure partie du pays ont fait au moins soixante-quatre morts et des dizaines de disparus.

1. What unusual conditions is Tunisia suffering?
2. When did the rains start to fall?
3. How many people have lost their lives?
4. How many people are missing?

164

Read carefully the following weather headlines.

1 Fraîcheur sur l'Angleterre, beaucoup de soleil ailleurs
2 Frais le matin, puis soleil
3 Progressivement nuageux par l'ouest
4 Soleil et chaleur lourde
5 Tempête de neige en Écosse

Which weather headline promises:

(a) snowstorms in Scotland?
(b) sunshine after a cool morning?
(c) clouds developing in the west?
(d) cool weather in England, but sun elsewhere?
(e) sunshine and sultry heat?

TEST YOURSELF 27

Can you remember the meanings of these French words and phrases selected from items 161–164?

(a) de violents orages
(b) des pluies torrentielles
(c) frais
(d) éclaircies
(e) l'ouest
(f) soleil
(g) beau temps
(h) nuageux
(i) chaleur lourde
(j) tempête de neige

165

TEMPÊTE DE NEIGE EN ÉCOSSE: DEUX MORTS

Depuis samedi soir, une violente tempête de neige fait rage sur l'Écosse. On dénombre déjà deux morts et plusieurs blessés. Toutes les voies de communication terrestres ont été coupées par des chutes de neige atteignant près de deux mètres par endroits. Les passagers de quatre trains ont dû être secourus. Vingt-neuf des cinquante et un membres d'équipage de la plate-forme pétrolière britannique 'Ali-Baba' ont été évacués par hélicoptère.

1. Which country's weather is being reported here?
2. What are the weather conditions like?
3. Since when has the weather been like this?
4. What has caused the cutting off of roads?
5. What happened to passengers on four trains?
6. How many people were rescued from the Ali-Baba oil-rig?
7. How many crew members remained there?
8. How were the crew members lifted off the oil-rig?

166

TEMPÊTE: VÉLIPLANCHISTES EN DIFFICULTÉ

Le vent très violent qui a soufflé dimanche après-midi sur le littoral du Cotentin, avec des rafales supérieures à 120 km-h, a provoqué de nombreux dégâts et plusieurs véliplanchistes se sont trouvés en difficulté.

L'un d'entre eux, François Forest, domicilié à Ambrières-les-Vallées (Mayenne), a dû être hélitreuillé par un hélicoptère de la protection civile.

1. When were the very strong winds?
2. What was caused by the winds?
3. Which people found themselves in difficulties?
4. How was one person brought to safety?

167

VIOLENTE TEMPÊTE:

Des morts
des blessés
des dégâts

Tempête sans précédent, samedi et dimanche, sur toutes les côtes de France, mais surtout sur la moitié sud de la France, notamment sur les côtes Atlantique et Méditerranée. Le bilan est lourd: six personnes tuées, plus d'une dizaine de blessés, des toitures et des lignes téléphoniques arrachées, des communes entières privées d'électricité.

· Dans l'Hérault, où les rafales de vent ont atteint près de 170 km/h, la mer a rompu la digue de Palavas, envahissant la localité. Les 2,500 habitants, les pieds dans 40 cm d'eau, ont dû se réfugier dans les étages supérieurs.

· Dans le Sud-Ouest, le vent d'autan a provoqué la mort d'un automobiliste, près de Villeneuve-sur-Lot (Lot-et-Garonne): un arbre est tombé sur sa voiture.

1. When was the stormy weather?
2. Which areas of France were affected?
3. Which part of France was hit particularly hard?
4. How many people have been (*a*) killed, (*b*) injured?
5. What structural damage has been done?
6. What have some areas been deprived of?
7. What has the sea done in Hérault?
8. How did the inhabitants save themselves?
9. What caused one motorist to lose his life in the south-west of France?

168

Un cyclone, accompagné d'un raz de marée, a ravagé pendant le week-end la côte est de l'Inde, sur une longueur de 400 kilomètres.

Dix mille villages, au moins, ont été rasés et plus de cent mille personnes sont sans abris. Des hélicoptères portent nourriture et vêtements aux villages et hameaux isolés, mais bien des endroits n'ont pu encore être atteints par les services de secours.

Ce cyclone est le deuxième en une semaine. Le premier, qui avait soufflé à plus de cent vingt km/h avait provoqué des inondations catastrophiques.

1. By what was the cyclone accompanied?
2. In which country has this happened?
3. Which part of the country has been hit?
4. How many villages have been flattened?
5. What has happened to over 100,000 people?
6. What were helicopters carrying?
7. When was the last such cyclone?
8. What did the first cyclone cause?

169

Tempête, froid, neige. L'hiver s'est déclenché depuis dimanche sur l'Europe. Sur la Manche le vent rendait la navigation très difficile. Le trafic de car-ferries entre Cherbourg et les côtes de Grande-Bretagne a dû être interrompu.

De nombreux chalutiers surpris par la tempête ont annoncé par radio qu'ils se mettaient à l'abri.

Dans le nord de la France des chutes de neige importantes ont perturbé la circulation automobile.

Plusieurs routes nationales du Pas-de-Calais ont été rendues impraticables. La couche de neige dépassait dix centimètres et de nombreux véhicules sont restés bloqués en travers de la chaussée. Les premiers flocons sont aussi tombés dans la région parisienne.

1. What *three* weather conditions does this report first mention?
2. When did this unpleasant weather arrive?
3. What made shipping conditions difficult in the English Channel?
4. What happened to some car-ferries?
5. What kind of boats radioed that they were seeking shelter?
6. What caused problems for road traffic in northern France?
7. What was the weather like in the Paris area?

TEST YOURSELF 28

Can you remember the meanings of these French words and phrases selected from items 165–169?

(a) une chute de neige
(b) secouru
(c) une plate-forme pétrolière
(d) le vent
(e) une rafale
(f) un/une véliplanchiste
(g) la moitié sud de la France
(h) le bilan est lourd

(i) des lignes téléphoniques
(j) la digue
(k) un raz de marée
(l) la nourriture
(m) les vêtements
(n) un chalutier
(o) la circulation automobile

Police File (3)

170

AMSTERDAM: BOMBE AU CONSULAT DE FRANCE

L'explosion d'une bombe placée devant la porte du consulat de France à Amsterdam a causé d'importants dégâts dans la nuit de mercredi à jeudi. La puissance de l'engin était telle qu'elle a brisé les vitrines des magasins dans un périmètre de plus de cent mètres.

1. Where had the bomb been left?
2. Did the bomb explode on Tuesday night, Wednesday night or Thursday night?
3. Give details of the damage caused by the explosion.

171

Un commerçant de Marignane qui avait vendu de faux permis de conduire à des travailleurs immigrés a été arrêté. Il fabriquait lui-même ces faux documents, très bien imités selon les enquêteurs, et les vendait 3,500 francs pièce. On ignore le nombre total de faux permis vendus. Une dizaine d'acheteurs ont jusqu'à présent été identifiés.

1. What had the shopkeeper been selling?
2. To whom had he been selling these items?
3. Who actually made the items?
4. What did police investigators say about the items?
5. How many people who bought them have so far been tracked down?

172

Les douaniers de Saint-Julien-en-Genevois ont intercepté un automobiliste dont le véhicule recélait une somme de plus de trois millions de francs en billets de cinq cents francs, ainsi que des pièces d'or dont la valeur n'a pas encore été précisée. Le conducteur, qui circulait à bord d'une voiture empruntée à un ami, tenta de s'enfuir alors que les douaniers s'apprêtaient à contrôler le véhicule. Il a été rattrapé à quelques mètres de la frontière. Il a prétendu ignorer de l'origine et même de la présence de ces billets dissimulés dans les ailes arrières.

1. How much money was hidden in this vehicle?
2. In what denominations were the banknotes?
3. Who made the discovery?
4. What else was in the vehicle?
5. Where had the car-driver got the vehicle from?
6. What did the driver do when he realized the vehicle was about to be searched?
7. Where was he caught?
8. What did the driver deny knowledge of? (Mention *two* points.)
9. Where exactly had the banknotes been hidden in the car?

173

BELGIQUE

FAUSSE ALERTE A LA BOMBE SUR L'AÉROPORT

Une fausse alerte à la bombe a provoqué hier la mise en place d'importants renforts de police sur l'aéroport de Bruxelles où les autorités craignaient un attentat terroriste. On se souvient que deux terroristes palestiniens avaient attaqué l'aérogare le lundi de Pâques, blessant plusieurs passagers. Ils sont détenus dans une prison bruxelloise. C'est leur libération que demandaient les auteurs des appels téléphoniques menaçants d'hier matin.

1. Where were reinforcements of police suddenly rushed to?
2. What had brought this about?
3. What did the authorities fear?
4. When had the last attack on the airport been made?
5. Where are the terrorists now?
6. What is the connection between that incident and the present one?

174

Supermarché pillé

Des gangsters ont profité du week-end de Pâques pour pénétrer dans le magasin 'Carrefour' de Pontault-Combault (Seine-et-Marne). Sous la menace de leurs armes, ils ont maîtrisé les deux membres du service de sécurité puis ont entassé dans un camion du matériel audio-visuel: magnétoscopes, chaînes hi-fi, caméras, appareils photographiques, etc.

Ils sont repartis, deux heures plus tard, avec un butin en cours d'estimation.

1. What kind of building has been raided?
2. When did the gangsters strike?
3. Which two people did the gangsters come up against in the building?
4. What kind of vehicle had the gangsters brought along with them?
5. What sort of items were taken by the thieves? (Mention *four* points.)
6. How long were the gangsters on the premises?

175

LES VOLEURS DE VOITURE PINCÉS
A LA DESCENTE DU TRAIN

Surpris alors qu'ils tentaient de voler une voiture, deux malfaiteurs s'enfuirent en courant jusqu'à la gare d'Esbly, toute proche, et réussirent à monter dans un train en partance pour Meaux.

Les gendarmes qui s'étaient lancés à leurs trousses eurent la bonne idée de partir en voiture à toute allure jusqu'à la gare de Meaux.

Lorsqu'ils arrivèrent quelques secondes après le train, ils trouvèrent les deux malfaiteurs sur la place de la gare en train d'essayer de voler à nouveau une voiture.

1. What were the two thieves trying to steal first of all?
2. What did they do when they were disturbed?
3. What did the policemen decide to do?
4. Where did they find the two thieves?
5. What were the thieves doing?

176

Le fils d'un journaliste suisse aurait été enlevé à Bâle mercredi soir à la sortie de son cours de judo. Sa bicyclette a été retrouvée à quelques mètres de son domicile. Les parents ont reçu deux coups de téléphone le même jour, pour leur demander combien il faudrait de temps à la famille pour rassembler un demi-million de francs suisses et leur préciser: 'Il y va de la vie de votre enfant.'

1. What has happened to the young boy in this news report?
2. What is the profession of his father?
3. What had the boy been doing before the incident took place?
4. Where was the boy's bicycle found?
5. What did the boy's parents receive later?
6. What were they asked?
7. What threat was made to the boy's parents?

TEST YOURSELF 29

Can you remember the meanings of these French words and phrases selected from items 170–176?

(a) les vitrines des magasins
(b) un permis de conduire
(c) des travailleurs immigrés
(d) les douaniers
(e) un billet de cinq cents francs
(f) une fausse alerte à la bombe
(g) un attentat terroriste
(h) un appel téléphonique menaçant
(i) un magnétoscope
(j) un cours de judo

177

UN DANGEREUX CONDUCTEUR TENTE DE RENVERSER DEUX MOTARDS

Alertés par des automobilistes victimes du comportement dangereux du conducteur d'une 2 CV, deux motards furent contraints à une folle poursuite près de Colmar. Ils durent faire usage de leurs armes et crever deux pneus du véhicule pour contraindre le déséquilibré qui le conduisait à s'arrêter. L'homme, âgé de 24 ans, a été présenté au parquet et il sera soumis à un examen mental.

1. How did the motor-cycle police first become aware that someone was driving dangerously?
2. What did the police have to do to make the driver stop?
3. What will the dangerous driver have to undergo now?

178

DEUX FACTEURS ATTAQUÉS A PARIS

Deux facteurs ont été attaqués et dévalisés, hier, pendant leur tournée de distribution dans les 13e et 14e arrondissements, à Paris. L'un d'eux, François Payet, vingt-trois ans, a été assailli boulevard Blanqui par deux malfaiteurs armés de poignards, qui lui ont dérobé sa sacoche contenant 5.000 francs. Rue de la Santé, d'autre part, une jeune postière de vingt ans, Françoise Amizet, a été attaquée dans un ascenseur d'immeuble par un inconnu, qui s'est enfui avec 4.000 francs.

1. When did these attacks take place?
2. What were the two people who were attacked doing at the time?
3. What were the thieves armed with in the first attack?
4. What did they steal?
5. Where was the second person attacked?
6. What did the thief steal in this second incident?

179

POUSSÉ SOUS LE MÉTRO PAR UN INCONNU

Un voyageur a été poussé par un inconnu sur une voie de métro l'autre soir 'Gare du Nord', au moment où une rame arrivait. Le voyageur, Jean-Pierre Vigneron, trente-cinq ans, demeurant à Paris, dans le 18e arrondissement, a dû être hospitalisé. L'homme qui l'avait poussé a aussitôt pris la fuite. Poursuivi par un policier, il n'a cependant pu être rattrapé. Il s'agit d'un homme d'une cinquantaine d'années, de petite taille, 1 m 60 environ, de type européen, vêtu d'un pardessus sombre.

1. What happened to the traveller in the Underground?
2. How old is the person who was attacked?
3. Where was he taken to?
4. What did his assailant do after the attack?
5. Who chased him?
6. Describe the attacker as fully as you can.

180

HOLD-UP AU CASINO DE BEAULIEU

Quatre bandits armés et masqués de cagoules ont attaqué le casino de Beaulieu (Alpes-Maritimes). Les quatre gangsters ont fait irruption en pleine nuit, l'arme au poing et, sous la menace, ils ont obligé les quarante personnes encore présentes à se coucher sur le sol.

Tandis que deux des bandits tenaient en respect le groupe des clients et des employés, leur complices fouillaient minutieusement les tiroirs des tables de jeux ainsi que la caisse. Quelques minutes plus tard les bandits s'éclipsaient emportant un butin estimé à 200.000F.

1. How many bandits were involved in this raid?
2. How were they disguised?
3. At what time of day or night did they attack?
4. How many people were present in the building at the time?
5. What were they made to do by the raiders?
6. How many bandits carried out the search for money and valuables?

181

Les cambrioleurs qui ont opéré à l'auberge du Chien Rouge à Montpellier semblaient connaître parfaitement les lieux. Après avoir forcé un volet avec une barre à mine, hier, peu après la fermeture de l'établissement, à 4 h 30 du matin, ils se sont rendus tous les trois au sous-sol dans les bureaux du patron, M. François Gault, où, à l'aide d'un chalumeau, ils ont ouvert le coffre-fort renfermant environ 100.000 francs. Ensuite, les malfaiteurs sont montés à l'étage où ils ont fait main basse sur de l'argenterie. Le montant global du vol est évalué à 150.000 francs.

1. What kind of building has been burgled?
2. What did the burglars appear to know?
3. How did they get into the building?
4. What did they use to force an entry?
5. When did the burglars strike?
6. How many burglars were there?
7. Where did they go to first? (Mention *two* points.)
8. Where was the money?
9. What did the burglars steal after that?

182

Règlement de comptes vendredi soir à Paris, à l'angle des rues Claude-Bernard et Bertholet, au quartier Latin. Vers 23 h 15, une 204 bordeaux s'est arrêtée près du café 'Chez Clémence'. Deux hommes en sont descendus et ont tiré sept coups de feu à travers les vitres de l'établissement. Deux consommateurs âgés d'environ 25 ans se sont écroulés, mortellement blessés.

Leur coup fait, les deux tueurs sont remontés dans leur voiture, où deux complices les attendaient. Le véhicule a été retrouvé peu après, abandonné rue Flatters, à quelques centaines de mètres. Deux revolvers étaient restés sur le plancher.

Les enquêteurs ignorent encore l'origine de ce double meurtre. Le café avait changé de propriétaire il y a un mois et demi, et la gérance avait été reprise par une jeune femme de 27 ans, Clémence.

1. In which part of Paris did this incident take place?
2. On which day of the week did the incident occur?
3. At what time of day did the incident take place?
4. How many men stepped out of the vehicle?
5. What did they do then?
6. What was the result of their action?
7. Who had remained inside the vehicle?
8. What happened to the vehicle later?
9. What was discovered on the floor of the vehicle?
10. What had happened a month and a half earlier?

183

Des hommes armés de mitraillettes ont attaqué le consulat d'Indonésie à Amsterdam et ont pris en otage vingt-cinq personnes présentes dans les différents bureaux.

Il était 11 h 20 lorsque le commando a fait irruption, l'arme au poing, dans le hall du consulat, tirant plusieurs rafales dans toutes les directions, obligeant ainsi tous les occupants de l'immeuble à se jeter à terre. Mais le consul général était absent.

Des membres du personnel ont cependant réussi à prendre la fuite. Des témoins qui se trouvaient dans un hôtel voisin ont déclaré que trois personnes avaient réussi à s'enfuir par une des fenêtres du deuxième étage au moyen d'une corde. L'une d'elles aurait été blessée au moment où le commando a ouvert le feu.

Des forces de sécurité ont aussitôt pris position autour du bâtiment et bouclé le quartier.

1. With what were the terrorists armed?
2. Which building was attacked?
3. How many people were taken hostage?
4. How did the people working in the building react when the terrorists forced their way in?
5. How many people inside the building managed to escape?
6. How did they effect their escape? (Mention *two* points.)

TEST YOURSELF 30

Can you remember the meanings of these French words and phrases selected from items 177–183?

(*a*) un motard
(*b*) crever un pneu
(*c*) armés de poignards
(*d*) vêtu d'un pardessus sombre
(*e*) en pleine nuit

(*f*) l'auberge
(*g*) le sous-sol
(*h*) un règlement de comptes
(*i*) un consommateur
(*j*) pris en otage

The Second World War (6 volumes)   Winston S. Churchill

The definitive history of the cataclysm which swept the world for the second time in thirty years.

1917: The Russian Revolutions and the Origins of Present-Day Communism
Leonard Schapiro

A superb narrative history of one of the greatest episodes in modern history by one of our greatest historians.

Imperial Spain 1496–1716   J. H. Elliot

A brilliant modern study of the sudden rise of a barren and isolated country to be the greatest power on earth, and of its equally sudden decline. 'Outstandingly good' – *Daily Telegraph*

Joan of Arc: The Image of Female Heroism   Marina Warner

'A profound book, about human history in general and the place of women in it' – Christopher Hill

Man and the Natural World: Changing Attitudes in England 1500–1800
Keith Thomas

'A delight to read and a pleasure to own' – Auberon Waugh in the *Sunday Telegraph*

The Making of the English Working Class   E. P. Thompson

Probably the most imaginative – and the most famous – post-war work of English social history.

FOR THE BEST IN PAPERBACKS, LOOK FOR THE

A CHOICE OF PENGUINS AND PELICANS

The French Revolution   Christopher Hibbert

'One of the best accounts of the Revolution that I know . . . Mr Hibbert is outstanding' – J. H. Plumb in the *Sunday Telegraph*

The Germans   Gordon A. Craig

An intimate study of a complex and fascinating nation by 'one of the ablest and most distinguished American historians of modern Germany' – Hugh Trevor-Roper

Ireland: A Positive Proposal   Kevin Boyle and Tom Hadden

A timely and realistic book on Northern Ireland which explains the historical context – and offers a practical and coherent set of proposals which could actually work.

A History of Venice   John Julius Norwich

'Lord Norwich has loved and understood Venice as well as any other Englishman has ever done' – Peter Levi in the *Sunday Times*

Montaillou: Cathars and Catholics in a French Village 1294–1324
Emmanuel Le Roy Ladurie

'A classic adventure in eavesdropping across time' – Michael Ratcliffe in *The Times*

The Defeat of the Spanish Armada   Garrett Mattingly

Published to coincide with the 400th anniversary of the Armada. 'A faultless book; and one which most historians would have given half their working lives to have written' – J. H. Plumb